漫长的修行，见证和陪伴彼此变得更好的一段人生历程。

罗敏畅

- 普迪教育创办人,正面管教导师,十年正面管教授课和深度家庭辅导经验。一线跟踪辅导超过2年以上的家庭超过1000户;系统课程影响家庭超过10000户。
- 《小学生导刊》教育心理专栏作者。
- 湖南卫视《放学后》节目内容支持专家团带领者。
- 教育观点:育儿的技能成长,并不是一场漫长的修行,心态对了,方法对了,是可以很快学有所成的。找到每个家庭的核心问题,用经过检验的系统学习模型,支持家长高效思考与练习,形成独立而自信的育儿能力,才是关键。

GENTLE AND FIRM

温和而坚定的教养

激发孩子的学习活力

罗敏畅 著

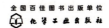

化学工业出版社

·北京·

文案统筹：付卓言

图书在版编目（CIP）数据

温和而坚定的教养：激发孩子的学习活力／罗敏畅著．—北京：化学工业出版社，2022.6（2025.4重印）
ISBN 978-7-122-40784-9

Ⅰ．①温… Ⅱ．①罗… Ⅲ．①小学生－家庭教育Ⅳ．①G782

中国版本图书馆CIP数据核字（2022）第021484号

责任编辑：张　琼　高　霞　杨骏翼　　责任校对：李雨晴
装帧设计：尹琳琳

出版发行：化学工业出版社
（北京市东城区青年湖南街13号　邮政编码100011）
印　　装：三河市航远印刷有限公司
787mm×1092mm　1/32　印张12　字数203千字
2025年4月北京第1版第5次印刷

购书咨询：010-64518888　　售后服务：010-64518899
网　　址：http：//www.cip.com.cn
凡购买本书，如有缺损质量问题，本社销售中心负责调换。

定　　价：68.00元　　　　　　　　版权所有　违者必究

推荐序一
构建和谐、健康的亲子关系是教育的根本

The core of education is to establish a harmonious and healthy parent-child relationship.

My story therapy work, and my therapeutic story books, have taken me to many places, many countries, many cultures.

借由我的故事治疗工作、我的疗愈故事书,我曾到过很多地方、很多国家,体验了各种不同的文化。

A particularly special time was my Autumn Tour in 2015 that finished in Changsha, what I now think of as the "heart" of China. My host was Amanda (Minchang Luo), and my experiences with Amanda and her family, both then and on a return trip in 2016, remain strongly in my memory. We shared many days of training, lovely meals together, long conversations, and an unforgettable holiday to Zhangjiajie National Forest Park.

其中很特别的一次旅行是2015年秋天的中国之旅,长沙是我那次旅行的最后一站,而这座城市成了我记忆中的中国之"心"。我的东道主是Amanda(罗敏畅),我和Amanda以及她的家人那一次的会面,还有一年后(2016年)的再次回访,给我留下了难忘的印象。我们在一起做故事治疗的培

训,一起吃了很多次饭,欢声笑语、促膝长谈,还去张家界国家森林公园度过了几天美妙的假期!

From my first meeting with Amanda, I have been impressed by her passion and devotion to her Positive Discipline trainings and parent education programs.

从我第一次见到Amanda,就深深地被她对正面管教和家庭教育事业的热爱和激情所打动。

I have also been impressed by her intense curiosity to study and learn new ideas, her hard and consistent work building up her Positive Parenting courses, and her ten-year journey in developing this book.

同样打动我的,还有她对于学习新事物的浓厚的好奇心,她在构建完善正面管教家长课程中一丝不苟的态度,和在酝酿、写作本书时十年磨一剑的专注。

Therefore, I am very pleased to know this publication is finally birthed and available. And I am honored to be invited to write the foreword for such an important topic!

因此,我非常高兴地看到本书终于即将出版。我受邀为这样一本主题非常有意义的书籍作序,倍感荣幸!

Just as healthy food can nourish a child's growing body, a healthy approach to positive discipline can nourish a child's budding soul. This publication is a guidebook for such a healthy approach. Amanda has a special focus on bringing about pro-active and creative solutions, and this was evident in her own parenting and collegial relationships.

正如健康的饮食能够滋养孩子日益成长的身体，健康的正面管教方式能够滋养孩子稚嫩的心灵。这本书就是一本关于这种健康教养方式的指南。Amanda特别专注于带来积极有效和有创意的解决方案，这一点在她自己多年的育儿经历和与同事的工作关系中都得到了验证。

Gentle and Firm Parenting: How to Motivate Children's Learning is a wonderful example of active and creative involvement. Each chapter opens a new and important window. The book journeys through all aspects of child-rearing, taking time to include a variety of practical approaches for parents. Amanda shares strategies to help parents learn how to cultivate children's self-confidence, initiatives, and independent thinking, qualities that will help children grow into well-rounded balanced adults.

《温和而坚定的教养：激发孩子的学习活力》为父母如何积极而有创意地育儿提供了很棒的参考。每一章都像是打开了一扇新的窗户。本书涉及了育儿的方方面面，不遗余力地介绍了父母应对各种问题的实用方法。Amanda分享了不少策略，帮助家长们学习怎么培养孩子的自信心、主动性和独立思考能力，帮助孩子全面成长。

As a mother who raised three sons, I know how many challenges parents face on a daily, monthly and yearly basis. Most of us enter parenting with no training or experience, and we need guidance to help us on one of the most important journeys of a human's life—being a parent!

作为三个儿子的母亲，我非常清楚父母们每天、每月，或是在更长的时段——每年，所要面对的无数挑战。我们大多数人没有经过任何培训或历练就当了父母，我们需要得到帮助，因为成为父母是人一生中最重要的工作之一！

Amanda's wisdom, gained from her many years as both a parent and parenting coach, lights up every chapter of this book. I encourage you to explore these pages slowly—they offer important pathways to establish a harmonious and healthy parent-child relationship.

Amanda多年来在育儿和家庭教育导师工作中收获的智慧之光，闪耀在本书的每一个章节。我鼓励大家细细研读这些章节，它将带你找到构建和谐、健康亲子关系的重要途径。

苏珊·佩罗

苏珊·佩罗

来自澳大利亚东海岸，是一名资深的教育学硕士，有超过30年的教学、教师培训、家长教育的经验。多年来，苏珊致力于研究故事在教育中的作用，她为各年龄阶层面临各种困境和挑战情形的人撰写疗愈故事，疗愈的对象从个体到社区到全球。她已著有4本疗愈故事书，被翻译成包括汉语在内的12种语言出版发行。

推荐序二

从"学习"这一小切口入手,支持一个孩子的生命成长

在教育大变革的时代,如何有效地支持孩子的成长,对家长而言,是机遇,也是挑战。

我们曾就这一课题采访近百位教育专家,他们给到的解决方案中,出现频次很高的一个观点是"培养孩子的自驱力"。

敏畅老师的这本书,是我在市面上见到的全面培养孩子自驱力这一主题中,理论非常系统、落地非常实用的图书之一。

自驱力的重要性不言而喻,关乎孩子求学阶段真正有效的学习、离开学校后保持终生学习的习惯……培养自驱力最有效的解决方案,是帮助孩子建立自我内在的动力系统。

一个孩子的学习,远不仅仅是一次考试成绩可断定的,而是一个极为复杂的系统工程。它与孩子的生命状态,孩子与父母、家庭、世界的关系,孩子所处的环境……都有密切的关系。

在这些探索中——

当孩子在学习上遇到挑战时,我们关心的是孤立的事

件，还是关注孩子本身？

当孩子在日常生活中遇到问题时，我们是用情绪制造新的挑战，还是"坚定地和孩子站在一起，共同解决问题"？

面对不同状态的孩子，我们是给孩子贴标签，还是理解孩子在不同阶段会有丰富的状态，相信一切的问题"都一定是有原因"？

在家庭角色中，我们选择做"我一定有道理"的大人，还是做带着好奇心的儿童观察者和支持者？

面对孩子的"缺点"，我们是令行禁止，还是根据孩子的"特点"因材施教？

这些问题，其实都可以从这本书的核心观点中找到答案。

此刻，正在阅读这样一本书的家长，一定是一位有觉知、有教育意识的家长，这样的您，面对这些选项，一定会选择后者。

而理解这些"核心的育儿常识"，还只是长征的第一步。

我曾采访过一位抗疫英雄，他说，最有效、也是最难的抗疫步骤，就是对常识的执行。

育儿其实也一样。这本书最为宝贵的一点，是在这些"核心的育儿常识"的执行部分，做了极为精心、极为详尽的设计。每一个章节，都从理念的解析、可能的挑战、实践经验、实操练习多个维度做了生动的剖析。

这本书的书名叫作《温和而坚定的教养：激发孩子的学习活力》，主题似乎是如何支持孩子的学习，其实远远不止于此。这本书提供的是如何全力支持一个孩子生命成长的解决方案。

也可以说，这是一本融合心理学、教育学的关于如何"好好爱孩子"的书。教育是一场长跑，唯有爱，有方法的爱，有策略的爱，才是最有效的支持。

近年，原生家庭理念甚为盛行，"童年不被爱的伤害"让我们"成为爱的无能者"，似乎我们在育儿路上的一切障碍，都是原生家庭造成的。我不赞成这样的观点。

不信，去读一读这本书，你就会发现，选择了正确的方向，掌握了正确的执行步骤，"爱"是真的可以学习的，"爱的能力"是完全可以在练习中培养的。把这本书中所有实践和练习的部分，都踏踏实实地践行在育儿生活中，我们就能通过"爱"的练习，从支持孩子的学习这个小切口，创造一段新的、美好的亲子关系，培育一个有内驱力、有生命力的孩子。

《小学生导刊》主编

推荐序三
有方法地激发孩子学习活力

我永远都记得2014年的中国正面管教年会，创始人简·尼尔森突然出现在会场，问大家："在我过去40多年践行正面管教的经历里，经常有人会走到我的面前，对我说'简，感谢你把正面管教带给我，它改变了我的生活'。我也想问问大家，在你传播和践行正面管教的过程中，有多少人也接到过我这样的感谢？"

全场几乎所有的人，都高高举起了自己的双手。

是的，正面管教改变了我，改变了我的整个家庭。这个家庭里，还有个跟我一样，在学习、践行并传播正面管教的人，她就是我的姐姐，也是这本书的作者敏畅。

敏畅把她即将出版的书稿交给我，希望我为这本书写一个序言，我不假思索地答应了。

在认真读这本书的过程中，不夸张地说我真的是惊喜连连，即使是我这样一个从业多年的正面管教学习者，仍然会觉得能读到这些内容是如此幸运，里面有太多的方法让我获益良多。

如果你在育儿道路上刚刚起步，对养育孩子有很多不解和困惑，这是一本拿在手上，便可以将里面的方案用于实践的好书，你只需要根据书里提到的方法：在想要纠正孩子行为之前，先了解孩子的行为目的；在要求孩子好好学习之前，先引导孩子发自内心明白我为什么要学习；在觉得孩子学习不主动的时候，用正确的方法激发孩子的内驱力……哪怕是一点点细小的改变，都可以带动你和孩子之间的良性循环。

如果你对养育孩子已经有了很多的思考和领悟，这是一本值得你反复推敲、细细琢磨的书，每一个实操性很强的方法背后，都有着扎实的心理学理论依据。这些理论依据全部来自于阿德勒思想，也是正面管教体系的根。它会让你明白了解孩子行为背后的信念的重要性，如何更有效更高效地纠正孩子的不当行为，以及如何设定目标后花时间练习。

如果实操的方法是术，那么细细品味里面的理论则是道。当二者结合，你便从这本书里，获得了一套专属于你自己的长效育儿方案。

养育孩子，也是重育我们自己的过程。我希望有更多的父母能够读到这本书，带着敏畅老师在书中给出的方法，带着自己的恒心，激发孩子的学习活力，做内心有力量的家长。

《6~12岁孩子的正面管教》作者

前言

你是不是经常有这样的感受：孩子小的时候盼着孩子大了就不用照顾他的日常起居了，可真等孩子大了才发现，教育的问题才是最棘手的。没有找到好的方法，即使花了很多时间和金钱，获得的效果也可能跟你理想中的大相径庭。作为一名从事家庭教育近十年、长期深度辅导过大量家庭的老师，同时作为一个13岁男孩的妈妈，我要告诉你，你绝不是一个人在战斗。

事实上，如果你有类似的感受，并不代表你没有做好，恰恰代表了你在教育方面对孩子的重视。说明在养育孩子的时候，你不仅仅关注孩子的吃饱穿暖、学习能力，还重视孩子的心理健康、关注与孩子的关系……

每一年，都会有很多家长走进我的线上和线下课堂，学习与孩子的相处之道，学习如何更有效地激发孩子的主动性。不管是走进课堂的家长，还是今天翻开了这本书的你，都是优秀的父母。因为时代在变，而你选择了与时俱进，而不是用20年前的教育方式，来教育20年后的孩子。

是的，今天的父母养育孩子，绝对不是几十年前的"添双筷子"那么简单，特别是孩子开始接受学校教育，各项能力被量化得很清晰时,做父母的压力与焦虑会在不知不觉中与日俱增。

孩子还在小学低年级时——

想佛系育儿或快乐育儿,但是看到别人家孩子轻松背诵几百首古诗、讲一口流利的英语、自主阅读且阅读量惊人、轻松做出超出年龄的奥数题……于是你内心躁动,忍不住想给孩子买一堆复习资料,让孩子提前多学点知识,在"佛系"育儿和"鸡娃"的道路上不停摇摆。双减(指减轻义务教育阶段学生作业负担和校外培训负担,以下简称双减)政策出台后,一方面我们不用死盯着孩子的作业,不用再逼着孩子超前学习;另一方面,中考、高考并没有取消,我的孩子靠什么来增加未来幸福的确定性?孩子在学校学得好还是糟?我们似乎少了很多的抓手,未来似乎更加不确定。

想要做情绪平和的父母,奈何孩子不听话,学习全靠催,拖拉磨蹭之下全靠吼。每次吼完,自己内心还特别自责,孩子跟自己的关系也越来越糟糕。最关键的是,吼多了也就没效果了,你苦恼不已,不知道怎样让孩子变得自律。

奖励惩罚齐上阵,软硬兼施,想了各种办法激励孩子,可孩子提起学习就没精神,还动不动问家长为什么要学习,每当此时,就感觉到自己的语言特别苍白,甚至不知如何回答。

孩子升入小学中高年级之后——

成绩不理想，自己也管不了，在双减之前，能想到的唯一办法就是报辅导班，让老师去管。可报完班，钱花了，时间耗费了，孩子不但成绩没提升，眼中的光芒还越来越少。双减之后，能够感受到国家这项政策真的给家庭减轻了很多负担，尤其是经济压力的减少是显而易见的；但孩子内在的学习动力并没有呈现出来，高效的学习力也没有形成，作为家长，内心的焦虑并没有真正减少。

低年级时，孩子吼一吼还能听，到高年级，父母管得多了，孩子根本就不听，我行我素，甚至回家就关起门，一个星期跟爸妈说不上几句话，不知家庭教育中哪里出现了问题……

上述问题真的是非常普遍，不只是某一个家庭中存在的问题，而是这个阶段家长普遍的困扰。

我特别想肯定发现并提出这些问题的家长，因为你已经意识到问题，并开始认真思考了。察觉是解决问题的第一步，无法逾越。

在分析上述问题的原因和给出解决方案之前，我想先把这些天天都可能遇到的，但其实仅仅只是表象的问题放一边，先问家长们一个问题：

请你设想一下，20年之后，你最希望孩子具备哪些能力？

在拍摄湖南卫视大型家庭教育纪录片《放学后》时，我跟总导演交流，他说："每年到台里来实习的孩子有很多，我不看他们的学历、背景，只需要看他们说几句话、做几件事，我就能大致判断这个孩子在当下这个状态下能够走多远。"而他判断的依据是孩子是不是有自主思考以及主动解决问题的能力。

我们拍摄的时候，台里会安排一些实习生在拍摄现场学习，拍摄完收工常常要到凌晨两三点。

有一天，接到拍摄任务，拍摄家庭离两个实习生住的地方有一些距离，这两个实习生的表现，对照来看，很有意思。

一位说："啊，这么远，拍完我怎么回，又打不到车，老师，我需要请假，这次拍摄我参加不了。"

另一位说："请问我们有哪位老师住在北边吗？我想搭个便车，然后再想办法看能否让我爸到附近来接我一下。"

看上去只是两句话的不同，其实反映的是两位实习生的内心心性不同。拍摄地点远，回来晚，在工作中是常见的事情，但是如何应对反映出来的却是一个孩子对周围人能否帮助自己的自信，以及面对问题是不是会主动思考并寻找解决办法。面对问题时，一位是退缩，逃避，临阵脱逃；另一位是面对，积极，想办法解决问题。

我想，后者，会是导演说的那种走得远的孩子。因为他具备自信心、自驱力、自主思考能力等"持续竞争力"，如果把孩子的一生看成是一场马拉松，家长在意的都是这些长期能力，而这些能力，都是长期练习和影响的结果，没有哪一项突出的能力是来自于一朝一夕，或是来自于哪个立竿见影的招式。

这时就会有家长接着问，那我们要如何培养我们的孩子具备面向未来的"持续竞争力"？

首先，我想强调的是，每个孩子都是独一无二的，作为家长，我们对孩子的了解，特别重要。这些了解，包括对孩子性格、发展阶段、兴趣爱好以及学习方式的了解。

树枝、树叶、果实：一个人的行为与结果
下面两项满足之后，一个人的学习方法才会有助于让行为变得更高效，否则，所有的行为都会指向最基本的部分：寻找爱，确认是否被爱，是否有价值。

树干：一个人的兴趣与天赋
一个人内心安稳之后，才会关注和呈现自己的兴趣与天赋。

树根：人的基本信念
是不是有价值？是不是被爱？
一个人童年时期的亲子关系，决定了基本的人生信念。

当你足够了解孩子后，我要来介绍一个成长树模型。

在树的根部，是一个人最根本的人生信念，这是影响一生行为的"人生程序"，这里面最为关键的，是对"价值感"和"归属感"的确认：我是不是有价值的？我是不是被爱的？

这样两个重要问题的答案，来自于童年时期，和重要他人相处的经验，就是亲子关系的相处品质。

在好的亲子关系里，孩子能够确定"我是被爱的""我是重要的"，这个时候，孩子的心是安稳的，下面的根稳了，自信心、自驱力以及自主思考等能力，才有土壤生根发芽。

作为正面管教的核心理念，温和而坚定的教养就是在帮助家长和孩子之间建立良好的亲子关系的基础上，又能在具体的育儿实践中给予家长明确的方法。

始终温和、始终尊重的态度，是为孩子的健康人格、恰当自尊的发展，提供了保障，无论孩子经历什么，父母温和尊重的态度会让孩子感受到：我很好，我很重要，我是被尊重的。

坚定更多体现在对行动与实践的推动上。人都有自然的惰性，趋利避害的自我保护，当这些时刻来临，父母坚定的态度、清晰的底线，会帮助孩子明白如何选择正确的事情去做，如何有效地行动。

那么，我将在这本书中为家长朋友提供什么呢？

1. 了解孩子的方法。即使是父母，也不可能完全了解孩子，父母可以不完全了解孩子，这很正常。但是我们可以做一些了解孩子的努力，因为父母如果不了解自己的孩子，就容易用错力，结果不但没有帮助到孩子，还伤害了亲子关系。

2. 构建和谐亲子关系的方法。比解决问题更重要的是建立联结，在每一个挑战面前，我首先强调的是建立联结。日本作家岸见一郎在他的著作《不管教的勇气：跟阿德勒学育儿》中说："我们只有与孩子建立了良好关系，才能在孩子需要帮助的时候给予有效指导。"

3. 当你足够了解孩子，亲子关系足够良好，这个时候，跟随我在一个个具体案例中，一起来学习怎么构建孩子的自信心、自驱力、自主思考能力，就会事半功倍。

小学6年，你会面临无数具体的挑战，所有这些挑战，都是培养孩子面向未来的持续竞争力的好机会。

需要提醒你的是，我们的书中会给出大量的方法，你可能尝试过一次或者几次新的方法，但是发现孩子并没有成为你期待的样子，这个时候，一定要记得：对外界，多一些耐心；对自己，多一些安静的反思。孩子的任何一种核心能力的培养，都需要你使用正确的教育方式，一次又一次地强化，可能需要一年、几年、十几年，甚至更长的时间。我们虽然是成年人，但是在为人父母这件事情上，我们的能力所积累的时间，也和孩子的年龄一样。

在遇到困难挑战的时候，告诉自己，我只是需要练习，需要多一点点的练习，而不是我不好。尊重孩子，从善意地对待自己开始。

每一个孩子，都有着无限的可能，只要他有足够的意愿去做一件事，他就能做好。愿你的孩子，在你的耐心引导下，成长为你期待的样子！

2022年2月　湖南长沙

目录

第一部分
我们焦虑和愤怒,真的是因为孩子不够好吗?

第一章 不是孩子有问题,是孩子遇到了困难 // 2

第一节 是和问题在一起,孤立孩子?还是和孩子在一起,解决问题? // 3

第二节 不只做四处救火的"消防员" // 7

第二章 了解孩子是激发孩子学习活力的第一步 // 14

第一节 孩子可能跟你认为的不一样 // 15

一、当我们认为孩子学习缺乏主动性的时候 // 16

二、当我们认为孩子不好沟通的时候 // 20

三、当我们认为孩子不善于选择朋友的时候 // 29

四、当我们认为孩子对自己没有要求的时候　// 32

第二节　读懂孩子错误行为背后的 4 个目的　// 39

　　一、第一种目的：寻求关注　// 42

　　二、第二种目的：寻求权力　// 44

　　三、第三种目的：报复　// 47

　　四、第四种目的：自暴自弃　// 50

第三节　了解孩子的有效路径　// 54

　　一、从只关注孩子行为的结果到关注孩子的内心　// 55

　　二、从主观评价孩子到客观看见孩子　// 69

　　三、从贴标签到多角度了解孩子　// 77

　　四、从跟别人家孩子做比较到看见孩子的特别之处　// 86

　　五、从把自己的意愿强加给孩子到尊重孩子的需求　// 91

第三章　吼孩子的难题这样破　// 94

第一节　5 个原因让我们忍不住吼孩子　// 96

　　一、面对具体的问题，我也没有解决方案，所以恼羞成怒　// 97

　　二、我的付出没有得到孩子的"回报"　// 102

　　三、认为"孩子不优秀，是父母没能力的表现"　// 104

　　四、我似乎很疲惫，所以情绪时常失控　// 105

　　五、吼，是我们从原生家庭习得的沟通方式　// 106

第二节　让自己快速冷静下来的两个小技巧 // 108

一、冷静技巧1：愤怒选择轮 // 109

二、冷静技巧2：家人相互支持 // 110

第三节　如果忍不住吼了孩子怎么办 // 113

一、步骤一：意识——意识到自己的责任和错误之处 // 114

二、步骤二：承担——有愿意承担的状态 // 115

三、步骤三：和解——用实际的行动来和解 // 115

四、步骤四：解决问题 // 117

第二部分
让孩子"有兴趣学、有信心学、能主动学"

第四章　我为什么要学习？ // 124

第一节　为什么感觉孩子对自己没要求 // 125

一、孩子对全新的学习生活模式一无所知，茫然是正常的 // 125

二、习惯了等家长安排学习任务 // 131

第二节　除了满足生存需要，孩子还在为什么而学习？ // 136

一、学习到底能满足我们的什么需求？ // 138

二、从关注孩子"不着边际"的梦想开始，激发学习主动性 // 143

三、让孩子找到学习的意义，需要花多长时间？ // 149

第五章 自信，让孩子敢于学习 // 156

第一节 支持孩子拥有自信的四个通道 // 161

一、让孩子感受到爱 // 162

二、和孩子保持无障碍的交流通道：倾听、理解、允许 // 163

　1. 把人和事分开，先解除情绪的困扰 // 164

　2. 识别孩子的情绪，并且帮孩子表达出来 // 166

　3. 允许和接纳孩子的情绪 // 168

　4. 和孩子探讨可以接受的情绪释放办法 // 170

三、恰当的目标感 // 172

　1. 目标小一点才能让孩子敢于做下去 // 173

　2. 如何把大目标拆分成小目标 // 175

四、及时具体的鼓励 // 177

　1. 看到孩子的进步，也邀请孩子看到自己的进步 // 177

　2. 换一换表扬和奖励的方式 // 178

第二节 影响自信的关键点是遇到困难时 // 180

一、面对困难时，让孩子感受到自己被支持 // 181

二、当阶段性结果不那么理想时，更加需要包容和鼓励 // 184

三、面对瓶颈期，需要父母的陪伴和守望 // 186

四、支持与放手，都应该在合适的时候 // 190

1. 要不要陪，视孩子当下的状态而定 // 190

　　2. 孩子做，我们自己适当地后退 // 192

　　3. 在时机合适的时候，带着信任放手 // 193

第三节　自信的培养，需要的时间比你想象的长 // 198

　一、完成比完美更重要 // 198

　二、在"想做到"和"能做到"之间，还有很长的路 // 200

　三、放下急于求成的想法，从每天进步一点点做起 // 201

第六章　如何培养小学生的自律 // 204

第一节　对孩子自律的恰当期待 // 206

　一、是孩子真的不自律，还是我们的期待不恰当？ // 208

　　1. 看起来的不自觉，可能是双方的标准不同 // 209

　　2. 孩子没有了学习之外的期待 // 212

　　3. 看上去对自己没要求，可能是被打击得太多 // 213

　二、如何设定小学不同阶段自律的标准 // 215

　三、自律的形成，需要一个较长的过程 // 219

第二节　几岁开始培养自律更好 // 222

　一、孩子已经有较为清晰的时间意识 // 222

　二、孩子能理解"我为什么要做时间计划表" // 224

第三节　自己制定的规则更容易遵守 // 230

一、计划中既有父母认为"应该"做的事,也有孩子"想要"做的事 // 231

　　1. 计划表不能只体现我们自己的意志 // 231

　　2. 完全按孩子的意愿来也不可取 // 233

二、由孩子来决定先做什么 // 234

三、确保孩子理解了全部计划 // 235

第四节　如何让孩子有效执行计划 // 239

一、必不可少的试运行期 // 239

二、不当监工 // 240

三、约定简短有效的提醒方式 // 243

　　1. 要有约定和跟进的意识 // 243

　　2. 提醒的方式要明确、具体、简洁 // 245

　　3. 始终记得尊重孩子的意愿 // 247

四、"有一次没做到"怎么办 // 248

五、父母以身作则,孩子更容易达成目标 // 251

六、如何帮助孩子主动控制电子产品的使用时间 // 257

第七章　变辅导为关注,帮助孩子独立学习 // 260

第一节　区分"关注学习"和"辅导作业" // 263

第二节　从不独立走向独立的 4 个阶段 // 267

一、当孩子没有主动学习意识时 // 267

二、想学习，但是畏难情绪严重 // 268

三、孩子的行动已经慢慢步入正轨，但偶尔有小的反复 // 269

四、孩子已经在行动中体会到成果，能够自律地完成 // 270

第三节 帮助孩子学习更独立的两个技巧 // 272

一、独立学习的有效方式：创建学习任务清单 // 272

二、让成就感不仅感受得到，还清晰可见 // 275

第四节 适度参与孩子的学习 // 279

一、哪些该管，哪些不需要管 // 279

二、家庭如何分工合作 // 282

    1. 父母如何分工 // 283

    2. 父母与孩子分工的界限清单 // 285

三、迁就妥协与强硬控制一样不可取 // 287

第五节 如何利用作业这个抓手，支持孩子的学习 // 292

一、双减之后，家长要不要额外给孩子布置作业 // 292

二、关注孩子的学习，及时跟进 // 293

三、我们如何看待作业，对孩子来说很重要 // 295

四、重视纠错本：做得多不等于学得好 // 296

第三部分
看似与学习无关的重要事儿

第八章　当同伴关系出现挑战时　// 300

第一节　当与小伙伴出现矛盾时　// 301

一、步骤一：判断，父母要不要介入　// 302

二、步骤二：先去关注孩子的情绪　// 303

三、步骤三：还原事实　// 304

四、步骤四：引导孩子思考并解决问题　// 306

五、步骤五：家长保持理性，不让简单的事情变复杂　// 310

第二节　面对校园霸凌，家长可以做什么　// 312

一、防患于未然的日常约定　// 314

二、帮助孩子处理"不准和任何人说"这样的信息　// 316

三、哪些信号需要我们警惕　// 317

四、事情发生的第一时间，及时传递父母的信任　// 319

五、用行动体现对孩子的爱　// 321

第九章　做好家校沟通，助力孩子的校园关系　// 326

一、了解并尊重老师的沟通习惯　// 327

二、关于"给老师提要求"　// 329

三、支持，而非刻意讨好 // 331

四、高品质沟通的核心：能聊细节 // 333

第十章　创造良好的家庭情绪氛围 // 336

第一节　给孩子特殊时光 // 338

一、事先要有明确约定 // 339

二、邀请孩子给这段时光命名 // 340

三、保证不受任何打扰地全身心投入陪伴 // 340

四、坚持，保持陪伴的时间有固定的规律 // 342

第二节　做情绪独立的家长 // 344

一、我们情绪独立，孩子就不会负重前行 // 344

二、我们活出自己，孩子才会有属于自己的人生 // 347

三、改变自己：储钱罐法 // 350

四、改变自己：特殊时光法 // 351

第一部分
—— Part 1 ——

我们焦虑和愤怒,
真的是因为孩子不够好吗?

第一章
不是孩子有问题,是孩子遇到了困难

第一节

是和问题在一起，孤立孩子？还是和孩子在一起，解决问题？

每个孩子在成长过程中，都会出现这样那样的"问题行为"，尤其是从幼儿园进入到小学后，昔日的小可爱在全新的校园生活、学习日常面前，突然变成了让我们无比头疼的"熊孩子"，以前怎么看怎么爱的小宝贝，突然开始做事拖拉磨蹭、写作业不专心、对学习没有兴趣……

当孩子出现一些挑战行为时，我们会忍不住想要干预，希望改变孩子，消灭孩子的这些问题行为——

"你快点，上学要迟到了！"

"你认真没有?这么简单的题讲了3遍都不会!"

"你上午写不完作业,这周都不要看动画片了!"

"你们班20个人考100分,为什么你才考95分?"

……

这些语言和处理办法,都反映出我们下意识地对孩子的命令、威胁、呵斥,是一种本能的反应。当时或许真的有效,但我们很快就会发现,我们的这些办法不起作用了,这些问题行为还有可能愈演愈烈。

于是我们开始寻找"立竿见影"或"一劳永逸"的方法。

我想说,我们不妨把寻找解决方案这件事放一放,先试着将自己的疑问写出来,或许更容易找到问题的根源。

这是多数家长都会写下的疑问:

我的孩子总是拖拉磨蹭怎么办?

我的孩子上课注意力不集中怎么办?

我们家老大总是打老二,为什么老大这么自私不宽容?

这样的疑问一眼看过去,有问题的是我们的孩子,可真的是孩子出了问题吗?

其实,更大的可能性是孩子正面临着困难,他们还没有找到更好的方式来面对,所以以一种"习惯"的方式表达了出来。也就是说所谓的问题行为,只是因为孩子不知道如何应对自己面临的困境而做出的不恰当的行为表达。在家长感觉到孩子给自己带来麻烦和挑战时,孩子自己也不好过。

当我们觉得孩子总是拖拉磨蹭时,孩子的心里可能在这样想:

我写作业的时候,妈妈总是命令我,催我快点、快点,一回家就开始催,要吃饭了催,吃完饭了还催,我头都快要炸了。

当我们担心孩子注意力不集中时,孩子可能在想:

我也想好好地坐下来上课,可是不知道怎么回事,我的手就是想动一下,我好像控制不住自己,我也好想和其他同学一样,我不知道他们是怎么做到的。

当我们认为老大总是不怀善意地对待老小时,老大的心里可能在这样说:

爸爸妈妈嘴上说爱我,可我才不信,什么事情都是弟弟小,要爱护他、要让着他,凭什么,我不小吗,我就不要爱护了吗,一家人都围着他转,我看爱他的人已经够多了,他把给我的爱全都抢走了。

当育儿挑战来临的时候,我们需要想一想:我是把孩子当成了问题,让孩子无助地和问题待在一起;还是我们坚定地和孩子站在一起,陪着孩子一起去解决问题?

无论是很小的孩子刚学着吃饭,握不稳勺子,还是临近高考的孩子,面临考试压力,从本质上来讲,都是孩子在面对困难。

如果我们把孩子看成问题,就会总想着做些什么来改变孩子,但如果我们意识到孩子在面对困难,我们会想,我能为孩子做些什么呢?这个时候,孩子的情绪相对容易被父母所理解,孩子所面对的困难,才有可能被有效地解决。

孩子还是那个孩子,不一样的,是我们的心态和应对方式。

第二节
不只做四处救火的"消防员"

在养育孩子时,我们只是想要通过命令、恐吓等方式让孩子立刻停止恼人的行为,但未来随时可能再犯?还是花些功夫,当时虽然没有立竿见影,未来却能慢慢让孩子从根本上得到改变呢?

选择前面一种方式,一旦孩子犯错,我们便会把终止孩子当下的不当行为当成最重要的事情,像救火的消防员一样,至于孩子是不是能够从根本上消除这种不当行为,在当时我们并没有去考虑。

事实上，当孩子犯错，我们不但要纠正孩子的不当行为，还需要考虑我们采取的方式是不是能够帮助孩子从根本上消除这种行为。就像发生火灾时，消防员一方面要负责救火，另一方面为了避免总在救火，最重要的是去消灭可能发生火灾的各种隐患。

下面我列举一些很常见的生活场景，一起来感受一下，只纠正当下不当行为和长久消除不当行为，各有哪些不同的做法，又会带来哪些可能的后果？

场景一：写作业

孩子写作业时习惯不是太好，写一会儿作业就要找妈妈，不是要妈妈陪，就是要妈妈拿水过来喝，或者要妈妈帮忙削铅笔、念题。

关注当下不当行为的做法：

当孩子找妈妈的时候，她会迅速地来到孩子身边，帮孩子做她力所能及的事情。而且在做的过程中会唠叨几句："妈妈在忙，在做饭，不要总是叫妈妈。"但下一次当孩子叫妈妈的时候，又会再一次冲过去，再一次唠叨。

在这个案例中，妈妈就像一个消防员，哪里起火了，她就第一时间出现在现场，因为她要及时解决当下的问题。

这样做虽然支持了孩子，但妈妈并不是心甘情愿的，所以她会唠叨孩子。

这种情况下，孩子虽然得到了妈妈的帮助，但是感受不到自己的重要性，甚至会觉得自己是麻烦。因为妈妈对自己的关注是负面的，而不是正面的。当然，对于孩子来说，有负面关注总比没有关注要好。但这种互动方式可能带来的后果是，当孩子面对负面评价时，也会觉得是正常的，不会觉得自己不被尊重，同时自己也会学会用这样的方式去对待别人，用抱怨、指责的方式来解决问题。

<u>关注当下不当行为也关注长远消除不当行为的做法：</u>

当孩子找妈妈的时候，第一次她会及时地出现，帮助孩子做好这一件事情，同时告诉孩子："当你需要妈妈支持的时候，妈妈都会很愿意来陪伴你，一起想办法。不过，从现在开始的1小时里，妈妈需要做饭，这个时间段里遇到的问题，可否做个标记，或者你到厨房来找妈妈？"

关注长远消除不当行为的妈妈采取的方式是：

- 先对孩子的需求做适当满足：在第一次叫妈妈时及时回应。

- 明确地表达妈妈内心对孩子的爱和关心：在你需要妈妈帮助的时候，妈妈都会在的，妈妈很愿意和你一起。这份真诚自然的对爱的表达，是最能帮助孩子把心安下来的；心安了，解决问题的能力就恢复了。
- 明确地告诉孩子寻求支持的有效方式是什么：在妈妈做饭，不能及时到你身边的这一个小时里，你可以把需要问的问题做标记，等妈妈做完饭来给你讲解，你也可以来厨房找妈妈。

当然，这个妈妈的做法并不一定是解决当下这个场景的标准答案，因为不同的家庭会有不一样的做法。但是作为家长，我们需要关注的是，当我们采取某种做法的时候，背后的重点，除了是传递给孩子我们的爱，还是在培养孩子的某种习惯和品质。

场景二：陪孩子练琴

孩子七岁，练琴时每练一遍就看一下时间，一到5分钟，就希望休息一下。

关注当下不当行为的做法：

搬个椅子，坐在孩子的旁边，盯着孩子。

妈妈觉得，这样一来，孩子就无法偷懒了。但后果是妈妈不能起身，不能出去办事，只要妈妈一离开，孩子就不练琴了。

关注长远消除不当行为的做法：

妈妈会耐心观察孩子，并询问孩子中途想要休息是因为累了，还是遇到了困难从而排斥练琴。如果孩子累了，妈妈可以鼓励孩子："虽然练琴有时候比较单调，会让我们感觉疲累，但我看到你一直在坚持，如果你需要，我们休息一会儿再继续好吗？"如果孩子排斥练琴，妈妈可以使用启发式提问，例如"你觉得最难的地方在哪里？""如果把任务细分一下会不会更简单呢？""你需要妈妈给你一些什么帮助呢？"……

妈妈的目标是跟孩子一起解决练琴过程中的障碍，并陪着孩子一起收获有效练琴之后的成就感。对关注长期效果的妈妈来说，孩子眼下会弹多少曲子不是最重要的，最重要的是孩子能够对练琴这件事始终保持兴趣，并愿意持续坚持下去。

小结

关注当下不当行为的做法特点：

- 容易被孩子眼前的不良行为引发负面情绪；
- 不考虑事情背后的原因，用自己固有的角度和立场来解读和评判孩子；
- 只关注眼前赶快息事宁人，对事情的反应大部分出于本能，而不是理性的思考以及对事情解决有帮助的回应。

总结成一句话就是：关注于快速搞定眼前这个孩子，让孩子听话，行为符合我们的要求。

关注长远消除不当行为的做法特点：

- 情绪稳定，能觉察出孩子的情绪反应和需求；
- 不从单一视角主观评判孩子，而能从多角度解读孩子行为；
- 从保持孩子身心健康和未来能力需求出发去寻求解决方案，并保持恰当的期待。

总结成一句话就是：放下眼前这件具体的事情，关注孩子未来会成长为一个什么样的人。

在孩子每一次出现不当行为的时候，我们如果都能记住初心，采取虽然见效慢但更有效的方式帮助孩子心甘情愿从根本上改变这个不当行为，那我们就不用像个消防员一样，总在灭火，因为我们已经尽可能地消除了容易发生火灾的隐患。

第二章

了解孩子是激发孩子
学习活力的第一步

02

第一节

孩子可能跟你认为的不一样

有一位妈妈说:"我之所以要和孩子讲道理,是我想把自己过去几十年的经验和心得告诉孩子,让他少走弯路。"

我问她:"这些经验和心得,是谁的?"

她说:"是我的。"

我:"那你现在要用这些心得去指导谁的人生?"

她说:"我孩子的人生。"

我说:"你觉得你过往几十年的经验,和你孩子的人生,这两者之间的匹配度有多大?"

这位家长愣了几秒钟,然后说:"可能不会太大"。过了一会儿,她又问:"那我要怎么办呢?"

我说:"要对孩子本身感兴趣,带着好奇心去观察孩子,只有这样,我们才能更好地了解孩子,并知道适合孩子的是什么。"

一、当我们认为孩子学习缺乏主动性的时候

提问 1：孩子最习惯或擅长的学习途径是什么？

孩子会通过三种最为常用的途径来学习：视觉、听觉和触觉（也叫作体觉）。每个孩子习惯或擅长的途径是因人而异的。

很多家长会认为学习成绩比较好的孩子，是因为聪明，或者学习习惯好。但实质是：那些目前看上去学习成绩好的孩子，是因为他们习惯的学习类型符合他们现在的学习环境。在我们现有的学习环境中，在传统的讲台课桌的教室里，以视觉和听觉为最佳学习途径的孩子，他们的学习会呈现出一种相对有效和轻松的状态，而以体觉为最佳学习途径的孩子，他们自身所面临的压力要大一些，同样，他们带给家长的挑战也会大一些。

那些需要通过体验或者动起来才能更好地学习的孩子，往往被父母和老师斥责为不专注、多动等。

有两个孩子，一个是男孩，一个是女孩，年龄相当。然而，两个孩子在学习上带给各自家长的挑战完全不一样。

男孩进入小学之后，识字、听写，几乎是不用操心，那些课本上的字，好像他本来就认识，但是，男孩不会跳绳，

连一个完整的跳绳都没有办法跳好。

女孩呢,进入小学之后,识字、听写,遇到了很大的困难,拼音的字母、数学的阿拉伯数字甚至经常写反,但是与体育相关的项目,她都能轻松达标。

两位妈妈待在一起,各有各的烦恼,心想,要是对方孩子的长处,在我家孩子身上也有,那就省心了。

如果我们从最佳学习途径的角度来观察这两个孩子,会发现他们属于完全不同的类型。这个男孩子的最佳学习途径是视觉,体觉是他相对薄弱的学习途径,而这个女孩的最佳学习途径是体觉,视觉学习相对薄弱。

父母的练习:

1. 观察一下,孩子的最佳学习途径可能是哪一种?其次是哪一种?相对欠缺,需要练习和支持的是哪一种?

---

2. 你是如何得出上面的观察结论的?请说出几个具体的细节。

---

3. 结合以上的思考与发现,我们可以为孩子做的支持有哪些?(支持不必全是行动,仅仅是理解孩子,就是一种支持。)

提问 2：孩子做事的动力来自哪里？

一辆汽车，配置再好，如果没有燃料也跑不动。一个缺乏动力的孩子，就像是一辆燃料不足的汽车。

那么，如何帮助我们的孩子激发他们的动力呢？

每一个人行动的动力都不太一样。在丹尼尔·平克所著的《驱动力》这本书中，他将人的驱动力分为三种：

第一种驱动力，来自基本生存需要的生物性驱动力；

第二种驱动力，来自外在动力，即奖罚并存的"胡萝卜加大棒"模式；

第三种驱动力，来自内在动力，即内心里想把一件事情做好的愿望。

每一个生命，都有着自己本能的需求和欲望，这些欲望，会推动人自发地去创造、去努力。

一个人行动时最重要的出发点，是内在需求被满足后的内在动力，也就是我们前面提到的"第三种驱动力"。而每个孩子的内在需求，是各不相同的。

有这样一位小男孩，小学三年级前，爸爸在外地经营一家公司，孩子一直都盼着爸爸回家。小学四年级的时候，爸爸想办法从外地调回来，原本以为一家人能够更愉快地相处，但没想到，爸爸回家后，孩子的压力反而变得特别大。

因为爸爸总是会不自觉地把工作上的压力带到家庭中来，爸爸妈妈之间的关系反而不如分隔两地时好。孩子在爸爸阴晴不定的情绪面前如履薄冰，不知道自己怎么做才是对的。

最开始这个孩子只是作业不好好做，有时候缺交作业，到了五年级，孩子开始出现很明显的厌学状态。

这是因为，对这个孩子来说，温暖融洽的家庭氛围，是他行动的动力，一旦这个氛围不存在了，孩子就会对生活和学习失去兴趣和信心。

这种状况下，爸爸妈妈可以做的调整是：

- 爸爸尝试着将工作上的压力和生活中的相处分开，爸爸回到家，只是当爸爸，而不是当公司里的领导。
- 爸爸妈妈意识到夫妻之间的关系、家庭氛围对于孩子的重要性，将关注的重点，尝试着调整一部分到夫妻之间的相处上面。

每个孩子都是独一无二的，你是不是能够清楚地了解，对你的孩子来说，什么是他行动的动力呢？

父母的实践练习：

1. 你是否清楚什么样的人和事，能够激发孩子的行动力？

2. 上述因素能让孩子坚持行动多长时间？

二、当我们认为孩子不好沟通的时候

提问1：我们是不是知道孩子什么时候会有压力？

很多人觉得孩子无忧无虑，是没有压力的。其实在人生的不同阶段，我们都会面临不一样的压力，包括我们认为应该无忧无虑的小时候。

比如，从幼儿园到小学，对一个孩子来说，看起来好像是中间只间隔了两个月，上学换了一个地方，书包里的东西增多了。

但事实上，孩子们面临着诸多压力，他需要适应新的老师、新的同学、新的学习方式、新的同学相处方式、在一个新的群体中对自己重新认识和定位……需要同时适应这么多不确定的新事物，孩子内心的压力是可想而知的。

那怎么做呢？

在我的孩子刚进入小学时，我是这样做的：

首先，认真地倾听孩子想和我们说的话，而不是一接到孩子，大人就一连串地问个不停。去感受孩子想说的话，感受孩子想表达的情绪，通过倾听，帮助孩子自然地释放情绪，尤其是当孩子吐槽的时候，不急于评判和教孩子对错，先安静地听。

其次，用运动和游戏，让孩子在欢笑和汗水中，自然地释放压力与情绪。孩子放学回到家，我们的第一件事情，就是一起玩游戏，玩到哈哈大笑，玩得满头大汗，这个时间也不太长，大概一二十分钟，就可以。

就这样每天倾听孩子，陪孩子玩游戏，坚持了3个星期左右，孩子状态越来越好，回家后会不停跟我们讲，今天在学校里发生了什么事情，又结交了哪些新朋友，文具店又到了什么新的好玩的东西，周末要和谁一起玩，下个星期不会和谁一起玩了……

父母的实践练习：

1. 在哪些时候，我们能够感受到孩子的压力？

----

2. 当孩子面临压力时，他最常用的表达方式是什么？当孩子表现出有压力的时候，我们是如何对待他的？

3.在平时的工作和生活当中,哪些人或事相对容易给自己带来压力?我们自己是怎样和这些压力相处的?

4.回顾以上三个问题,在自己的压力释放和帮助孩子面临压力这两件事情上,自己有哪些地方做得还不够?哪些做法是值得肯定和继续的?还有哪些新的做法愿意尝试呢?

提问 2:当孩子面临压力时,如何有效支持他?

一个12岁的六年级女生的妈妈说:"我觉得这个孩子没救了,幼儿园、小学前几年的时候都好好的,为了帮她考一个好的初中,我给她转了学,找了最好的班,请了最贵的补习老师,可她却一点都不争气,成绩根本跟不上。最气人的是她一点都不着急,以前班上的老师批评她,她还会脸红,但是现在,老师批评她,她半点反应都没有。我打她、骂她,她还看着我笑,笑得我背上发毛。"

"我觉得这个孩子没救了",这是妈妈的角度。

换到孩子的角度,她在想什么呢?她大概率在想:我好期待爸妈的理解,可是为什么他们不是关心我现在怎么了,而只想着用打我骂我等让我难过绝望的方式,来企图刺激到我呢?

对孩子来说,原本面临的是一些小挑战,比如作业不会做,想要得到爸妈的帮助,但是当孩子坐在书桌前磨蹭没办法完成作业时,我们可能会开始自认为好心地去提醒、催促,甚至指责和打骂。

这个时候,孩子面临的压力就不只是作业了,而是作业做不好爸妈可能会有的一系列让他心烦、受伤害的举动。

这种情形,其实是非常常见的。我们的抓狂时刻,同时也是孩子的黑暗时刻。

一个孩子所面临的压力,归纳起来,有如下几个大的方面:

- **来自家庭的压力**

  这和我们的养育方式息息相关。我们的言行给孩子的感受,是温暖的、包容的、鼓励的?还是冷漠的、苛刻的、贬低的?

- **来自同伴的压力**

  人很难不被比较,也很难不拿自己和他人比较,无形之中,孩子就会把同伴的行为和结果,作为认识自己的参照标准。

- 来自老师和学校的压力

  老师和学校,在孩子眼中是除父母之外的另一个权威。

- 来自学业本身的压力

  如果没有过多不恰当的方式贬低或质疑孩子,孩子其实很清楚地知道,学习是当下很重要的事情,在这个行动的过程中,总会有遇到困难的时候。成绩不好的孩子想要迎头赶上,成绩拔尖的孩子也会有如何保住成果的压力。

- 来自内在冲突的压力

  不论是成年人还是孩子,都会有或多或少的内在冲突,遇到一件事情需要抉择的时候,有两个对立的声音会同时冒出来,这是很多人都会有的体验。

家长如果能识别出孩子面临的压力,并帮助孩子疏导,孩子就会轻松很多,只需要专心去解决那些他真正需要面对的事情。这也是为什么情绪稳定的家长养育的孩子学习都不错的原因。

下面我列出一个表格,提供几个常见场景,当孩子感觉到压力时,我们可以跟孩子怎样沟通,供大家参考。

场景	我们可以这样说
1. 当家庭带给孩子压力的时候	这不是你的错。
2. 当孩子跟同学闹了别扭时	你一定感觉很难过,因为他是你最好的朋友。
3. 当孩子被老师误会的时候	这件事让你感觉很委屈,你想过如果你是老师,你会怎么处理这件事情吗?你愿意主动跟老师沟通一下吗?又或者,妈妈陪你出去走两圈?
4. 当孩子学习遇到困难的时候	我看到你有点沮丧,如果你需要我的帮助,随时告诉我,我一直都在这里。
5. 当孩子没办法做决定的时候	你不知道怎么选择,其实我们不用急着立刻得出结论,不管你做出什么样的选择,爸爸妈妈都会支持你。

父母的实践练习:

1. 在过往的相处中,当孩子处于黑暗时刻,父母习惯性的反应方式是怎样的?

---

2. 当父母明白孩子处于黑暗时刻,非常需要父母的支持时,父母可以调整的做法有哪些?

提问 3:怎么做,孩子才愿意说?

这个问题,换一个角度来看,会变得更加简单,那就是:我在哪些时候,用什么样的方式,阻断了孩子的表达?

孩子对于情绪的感知非常敏锐,但他们的语言表达能力还跟不上他们的情绪感知能力。我们在留意孩子的表达时，不要只是局限于他们的语言，更需要扩展到他们的行为。

有一个男孩子，在上小学一年级之后，不到两个星期，就开始出现咬衣服边的行为。每一件衣服，穿一天下来，总会有衣袖边、领口边出现一个被孩子咬穿的破洞。

这其实就是孩子焦虑或者恐惧的表达。

有一个孩子，在他生气的时候，他不会说一句话，他会找出一本速写本，大大的速写本，在上面乱涂乱画，到最后甚至涂得漆黑一片。

这其实就是孩子愤怒或者委屈的表达。

一个孩子，在弟弟出生之后，原本自己会做的事情，比如洗澡、刷牙，忽然都不会做了；原本自己可以独立阅读，现在都不会阅读了，全部都要来找爸爸妈妈。

这其实就是孩子在寻找爱、寻找关注的表达。

父母和孩子之间，一旦交流与表达不畅，生活中发生的任何小事，都可能成为问题，更不用谈彼此合作了。

在我们课堂上，有一个练习环节，叫"全然的倾听"，就是两个人一组成为搭档，在练习的过程中，当其中一个人说话，另外一个人便只听、不插话，同时用眼神、肢体动作、微笑等关注的状态，来回应对方。

当时有一对夫妻组成了搭档，5分钟的练习结束后，先生无比感动，他说："我们结婚十二年，从来没有哪个时刻，她可以这样听我说话。我们的聊天，一般都是她在说，现在，她竟然不说话，就这样听着我说，那一瞬间，我真的觉得，我在她的世界里，是一个很重要的人。"

而这个练习带给这个妈妈的触动也很大。因为在来我们课堂之前，她有一个很大的苦恼同时也是担心，就是她孩子才9岁，就已经不愿意跟她说话了。

一个成年人，在和她沟通时，尚且有着这么大的压力，何况一个孩子？她安静下来，仔细回想，发现孩子其实很多很多次，都在寻找表达的机会，是自己没有看见，是自己只顾着要表达自己的想法，把孩子的状态给忽视了。

回到家，女儿快睡觉了，妈妈坐在女儿床边，和女儿说："妈妈现在知道了，为什么现在你不愿意和妈妈说话。是因为有很多次，你想和妈妈说话的时候，妈妈都没有注意到，妈妈都只顾着自己说，其实那个时候，你非常需要的可能就是妈妈能够耐心地听你说，是吗？妈妈真的想和你说句对不起。"

听到这句话,这个9岁的孩子"哇"地哭了,扑在妈妈的怀里哭了很久。那个晚上,她们聊天,聊到很晚很晚。

只要表达顺畅有效,亲子关系当中,就不会出现特别大的挑战。就算出现挑战,我们内心也是清晰的、有方向的,知道彼此在当下处于什么样的状态。

父母的实践练习:

1. 回想一下,在你的家里,孩子表达自己意见的机会多吗?一般是什么时候?

----

2. 感受一下,当自己有强烈情绪的时候,会选择用什么样的方式,来和外界沟通,来和自己相处?

----

3. 在语言表达和沟通这两个方面,我们给孩子树立的是正向的、有模仿价值的榜样?还是负向的、给孩子带来限制和阻碍的榜样?

----

4. 如果孩子不愿意开口,此刻我们第一步可以做点什么,让孩子愿意跟我们沟通?

三、当我们认为孩子不善于选择朋友的时候

提问1：孩子有哪些好朋友？为什么是这些人？

小孩子有哪些玩伴，看上去是一件非常稀松平常的事情，但其实这里隐藏着很多对于孩子很重要的信息，比如友情观、比如价值观，如何面对比较、如何有效合作……

当孩子成长到小学高年级，在他的世界里，同龄人在他们内心的位置会超过父母。同龄人、玩伴，对他的影响会比父母对他的影响更大。

所以，在孩子进入这个阶段之前，我们要用心观察孩子喜欢的朋友，在玩伴的选择上有什么规律，孩子会从与这些小伙伴的相处当中学会什么。

一个孩子喜欢一个玩伴，不是没来由的。从本质上来说，孩子所喜欢的，是这个玩伴身上的某一种特点，或者是他们在一起相处时他的某种体验。

7岁的小叶子非常喜欢和小朋友一起玩，也喜欢邀请小朋友到家里来做客。妈妈通过观察，发现了一些规律：小叶子会邀请比她小的孩子、愿意配合她的孩子来家里玩，如果是比较有主见的小伙伴，下次她多半就不邀请了。

案例中小叶子和小伙伴玩，其实不是在建立平等的友

谊，只不过是在创造一种"我可以指挥别人"的体验。有心的父母在发现这一点的时候，就会去觉察，在家里日常相处当中，孩子是否有很多想要做决定或者自己做主的机会，被家长忽视了，或者就是被家长控制得比较多。

8岁的小宇交朋友让父母有一些伤脑筋，因为他最喜欢和班上那些看起来酷酷的、总是扰乱课堂秩序的几位同学一起玩。因为小宇交朋友这件事，老师都单独和他们沟通过。

孩子跟"坏孩子"做朋友，确实会让父母很担心，但我仍然建议这种情况发生时，我们不要急于否定孩子交到的朋友，而是分析一下背后的原因。

孩子为什么特别喜欢这一种类型的孩子？这里面，有孩子的内心需求。或许连孩子自己也没有清晰地意识到，这是一种怎样的需求，但这种需求的动力，已经体现在了孩子的行为上。

有可能，他是羡慕他们那种不害怕权威、可以挑战规则的勇气；

有可能，他是觉得这些孩子不计较，很义气；

还有可能，他在这个群体里，感觉到了一种自在……

作为父母，首先要做的，就是和孩子建立相对亲密和信任的关系,在这个基础之上,通过顺畅的交流,带着对孩子的兴趣、耐心地来了解,孩子交朋友的背后,他真正在意的东西是什么?从这个内心需求着手,才是解决问题的方向。

<u>父母的实践练习:</u>

1. 观察一下,孩子平时所喜欢的玩伴,有哪些特点?

------

2. 和孩子聊一聊,在他最喜欢的玩伴当中,他会喜欢什么样的相处感觉?他最喜欢玩伴身上的哪一点?

提问2:孩子在和好朋友相处时,一般是处于何种地位?

有一个男生,在和一群小伙伴一起玩的过程中,从来都不会站出来,发表自己的意见和想法,但只要有人带了头,他就会立刻呼应,甚至一起起哄。

这个孩子不喜欢一对一和小伙伴一起玩,他就喜欢把自己放在一个群体当中,一起玩、一起闹、一起起哄。当他和一个小伙伴玩的时候,就总会抱怨无聊。

这个孩子的父亲,虽然很爱孩子,但是非常独断专行。

很少会停下来听孩子表达，也更加不会肯定孩子的表达，时间一长，孩子想要发出自己声音的愿望依然在，但敢于发出声音的勇气，却越来越没有了。

因为孩子发声的愿望还在，又没有带领一个团队的勇气，所以他让自己先成为团体中的一员，一旦有了一个氛围，或者一个群体，帮助他、鼓励他的时候，他就会毫无顾忌把自己的声音发出来。

父母如果通过这个发现，看到了孩子内心的需求，在日常对待孩子的方式上做出适当的调整，对于孩子人格的完整发展，将会有很大的帮助。

四、当我们认为孩子对自己没有要求的时候

提问1：我们能说出孩子的几个兴趣爱好？

什么是兴趣爱好？就是当一个人，谈论起一件事，或者参与到某个过程中，他的眼睛会很有神采，不需要别人或者外界推动，他自己就愿意投入其中，非常专注、忘记时间，同时，他会给自己设立非常明确的目标，做不好可能会不吃饭不睡觉也要去做。

有一对父母向我们寻求帮助，说自己的孩子对什么都没

有兴趣,马上就小升初,他根本没有学习状态。

父母很着急,不知道问题出在哪里,孩子也不愿意跟父母沟通。

当我和孩子沟通的时候,一聊到"小升初""学习"这一类的字眼,他就本能地有些回避,不愿意聊。

我提议中间休息一小会儿,在我们的座位旁边,有几盆绿萝,这个孩子很自然地靠过去,看了看,开始点评:"这盆绿萝浇多了水,这盆有几天没有浇水了,要赶快浇水。"

我有些诧异,于是,我试着把话题转向植物,这时,他的眼睛开始放光了。

他告诉我,他有一个很不一样的本领,很多被别人养得快死了的花花草草,一到他的手上,他就可以救活;他和我说,他能够感觉到很多花草树木的状态,好像他生来就会似的;他还说,他非常喜欢古老的有文化传统的东西,他喜欢那些朴素的自然的东西……

他说在自己成长经历中,最感谢妈妈的一件事情是,在他小时候把外面一些奇奇怪怪的树枝树叶捡回家的时候,妈妈不是嫌脏、嫌麻烦把这些给扔了,而是找了一个纸盒子,专门给他收起来……

慢慢地,话匣子打开了,这个孩子就开始自然地说他的一些困扰了。他说："不是我不想学习，是我觉得这样的学习不是我想要的。从进六年级，爸爸妈妈的眼里就只有学习、学习，考试、考试，我所有的兴趣全都没有了，我的生活里好像只有小升初，他们眼里好像也只有考试，而没有我这个人了。"

"而且，对于小升初的方向，爸爸妈妈和我想的完全不一样。我是真的很希望去读国际学校，我喜欢那种互动的、有体验的学习方式，爸爸妈妈就非常坚持地要考当地的四大名校，我如果犹豫，他们就说我害怕吃苦、不努力，其实完全不是这样的。他们以为我想读国际学校是为了轻松、没压力，我只是更喜欢那里的环境，无论在哪里学习，想要取得好的学习成绩都是需要努力的。但是，跟爸爸妈妈根本没有办法沟通。"

我问他："假如你的父母尊重你的兴趣，支持你未来去学习你真正感兴趣的，去你真正喜欢的学校去读书，那你会怎么想，怎么做？"

他说："那还用问？好好学习呗，再说了，学自己喜欢的东西，在自己喜欢的环境里面，我也不会觉得辛苦。"

是这个孩子真的对什么都不感兴趣？还是父母没有发现孩子的兴趣呢？

当我把这样的沟通内容，反馈给孩子的父母，尤其是讲到孩子分享的小时候的经历时，父母才发现，原来孩子一直以来都是有兴趣爱好的，只是自己视而不见。

父母的实践练习：

1. 在你过往和孩子相处的过程当中，在哪些时刻，能感受到孩子聊到某个话题时会很有神采，会讲得滔滔不绝？

----

2. 如果此刻，你想不出来可以写下什么，你觉得这意味着什么？

----

3. 如果你看到了孩子有某个兴趣点，回想当时你是用怎样的态度和方式来回应的？

----

4. 无论你写下的内容是填在2还是3，都不要紧，更不需要以此来评判自己，意识到和看到最为重要。更重要的是，接下来，在如何发现孩子的兴趣这个部分，看看自己还可以去做的是什么？

提问 2：我们是否知道孩子的梦想？

我们好像都问过孩子，长大了希望成为什么样的人？这不仅是我们与孩子之间的游戏，更是我们了解孩子的一个小窗口。

并不是每个孩子都会强烈且清晰地去表达自己的梦想，需要我们有一双感兴趣的、有好奇心的、不带评判的眼睛，一点一点地去发现。

"长大了，我要当一名消防员。"

"长大了，我要当一名科学家。"

"长大了，我要当一位老师。"

"长大了，我要当一位爸爸。"

……

孩子们的回答，有的从来都不会变，有的是从未停止改变，今天这个答案，明天那个答案。

如果我们只是听孩子表面上的回答，也许会觉得天马行空，也许会觉得飘忽不定，但如果尝试去了解，就会发现，在孩子对未来的期待里，一定有对孩子来说很重要的东西。

梦想是否会实现，因人而异；但梦想是否被看见，是否被支持，就决定了这个梦想能否成为一个人行动的动力。

8岁男孩小晔的梦想是要当一名公交车司机,他的爸爸觉得这样的梦想有点丢人。每次当孩子这样说的时候,爸爸就会说:"你有点出息好不好?"

小晔眨着茫然的眼睛,看着爸爸,他不太理解,为什么爸爸会这样说。

当这个孩子和我说起这个话题,我问他:"你喜欢当一名公交车司机,是因为什么呀?"

他说:"我妈妈每天都要坐公交车上下班,如果我是一名公交车司机,那我就可以每天接送妈妈上下班,还可以接送很多别人的爸爸妈妈上下班。"

"那你是说,能够帮助别人顺利按时地上下班,是你喜欢成为公交车司机的原因,是吗?"

他点头。

当我把这样一段聊天,转述给小晔的爸爸时,爸爸愣了很久。当公交车司机,只是一种实现的形式,是他向身边的人和世界表达爱的实现形式,在这个形式的背后,是孩子内心满满的爱。

孩子的想法,和我们大人所认为的会很不一样。

孩子的想法往往更单纯一些,他们觉得这个世界最可爱的样子、最安全的样子,甚至他们自己最美好的样子,可能都寄托在这个梦想的画面里。

父母的实践练习:

1. 观察一下,平时在生活当中,你的孩子有没有向你聊起过他/她的梦想?如果有,这些梦想是什么呢?

----

2. 当你听到孩子的梦想时,你的本能反应是怎样的呢?你当时是怎么说的,怎么做的呢?

----

3. 小的时候,你有自己的梦想吗?现在你会如何看待你当时的梦想?

第二节
读懂孩子错误行为背后的 4 个目的

孩子的挑战行为有很多种,"正面管教"的创始人简·尼尔森认为孩子的所有挑战行为背后都隐藏着孩子的 4 种目的,都是在提醒家长他们有某种心理需求。

如果我们能够熟练使用下面的这张错误行为目的表,生活中孩子给我们带来的大部分挑战,我们都能轻松找到背后的原因和应对方案。

孩子的目的	行为背后的心理需求
寻求过度关注 （操纵别人为自己奔忙或得到特殊服务）	唯有得到特别关注或特别服务时，我才有归属感。 唯有让你们为我团团转时，我才是最重要的。
寻求权力 （我说了算）	唯有当我来主导或控制，或证明没有谁能主导得了我的时候，我才有归属感。 你制服不了我。
报复 （以牙还牙）	我没有归属感，受到伤害就要以牙还牙，我反正没人疼爱。
自暴自弃（自认为能力不足） 放弃，且不愿意别人介入	我不相信我能有所归属，我要让别人知道不能对我给予任何希望。 我无助且无能；既然我怎么都做不好，努力也没用。

注：参考《正面管教讲师指南》（英文版）简·尼尔森（Jane Nelsen），琳·洛特（Lynn Lott）。

对于上面的表，我们接下来做更加详细的解释。

家长可以这样做

- 看见孩子,积极用心地回应孩子,让孩子体会到自己的存在感和重要性。
- 邀请孩子参与一个有用的任务,用正向的方式感知和贡献自己的价值。
- 用心地陪伴孩子,安排特殊时光,建立日常且规律的陪伴习惯。
- 当自己的陪伴做不到时,给孩子明确的陪伴信息:妈妈很爱你,现在我需要工作一个小时,我想邀请你来计时,一个小时之后,就是我们一起玩的时间。
- 花时间陪伴孩子练习,设定些无言的暗号,用孩子能够感受到爱的方式,传递对孩子的爱。

- 倾听孩子的意见和想法,邀请孩子参与选择和做适当的决定。
- 家长承认自己不能强迫孩子,既不要开战也不要投降,而是撤离冲突,让自己冷静下来。
- 培养相互的尊重。给予有限度的选择。在设立一些合理的限制时得到孩子的帮助。
- 引导孩子,把权力用在积极的方面。
- 把问题呈现出来,并邀请孩子的帮助和解决。
- 坚定而和善。不说,只做。决定家长自己该做什么。
- 让日常习惯说了算。坚持到底。鼓励。召开家庭会议。

- 看到孩子的行为背后,有受到伤害的情绪。
- 理解孩子受伤的情绪,处理受伤的感受:你的行为告诉我,你一定觉得受到了伤害。能和我谈谈吗?
- 真正对孩子的经历和感受感兴趣,而不是急于解救孩子,或评判是非。
- 避免惩罚和还击。
- 在清晰事实的前提下,家长诚恳地承认自己的错误,并且道歉修复。
- 做出弥补。鼓励其长处。
- 召开家庭会议。

- 表达出支持的立场,而不是高高在上或者处于对立的立场。
- 表达出对孩子的支持与不放弃。
- 清晰孩子当下面对的真正困难,把困难缩小、具体化、聚焦。
- 和孩子共同设定能够做到的行动一小步,给孩子创造能够体会到成就感的机会,设置成功的机会。
- 表达对孩子的信任。小步前进。停止批评。鼓励任何一点点积极努力。关注孩子的优点。不要怜悯。
- 教给孩子技能,示范该怎么做。真心喜欢这孩子。以孩子的兴趣为基础。鼓励,鼓励,鼓励。
- 召开家庭会议。

一、第一种目的：寻求关注

有些家长会说："孩子都上小学了，怎么干什么事都需要我陪着？"

有些事情，他本来会做的，但是他要你陪着；

有些作业，他明明会做，但是他要你帮他；

如果你不和他一起，他就会各种拖拉磨蹭，或哼哼唧唧，或大呼小叫。

在这种情形下，孩子其实想要表达的是：如果你没有特别地关注我，如果你没有围着我团团转，我就感受不到自己是有价值的，是被爱的。

我们应该怎么办呢？是不是说，孩子需要我，那我就马上去满足他，其实要分两种情况。

第一种情况，因为陪伴不足、陪伴的品质不高，需要通过用心的高品质的陪伴来弥补。什么是用心的高品质陪伴呢？即在陪伴孩子的这个时间段里，或许10分钟，或许20分钟，你们做的事情是孩子自己愿意做的，你作为陪伴的人，是全身心的，而不是一会儿看看微信，一会儿跟家里其他人聊聊天。

第二种情况，不是因为陪伴不足，而是孩子想要刷存在感，这就需要我们在不同的场合，给孩子创造一些能够体现自己价值的机会。

有一次,我先生出差了,孩子在写作业,我在备课,本来任务比较重,孩子却时不时来让我给他读题……那个瞬间,我觉得自己快要烦死了,但很快我意识到,他是在用这种行为寻求我的关注。

意识到之后,我说:"登登,妈妈现在在备课,大概还需要30分钟,你愿意帮我一个忙吗?我这里有一个角色扮演的活动,需要你的协助,如果你愿意帮忙的话,妈妈的备课时间可能会缩短10分钟,这样,20分钟之后,我们就可以一起玩了。"

他立刻坐过来了,我就把一些角色扮演的活动,拿出来和他讨论,那个过程也确实帮到我的忙。讨论完这个,我感谢了他,同时也邀请他帮我计时,在20分钟到了的时候,提醒我一下。

创造机会,让孩子贡献自己的价值,给孩子提供了去感受自己价值和被爱的另一条路。在这条路上,孩子的行为会更加地偏向于正向,而不是带给别人困扰。

回到正题,在这种孩子拖拉磨蹭、想方设法黏着别人的情形下,家长如何做呢?那就是:

- 明白孩子希望被看见、被肯定、被认可；
- 用高品质的陪伴满足孩子；
- 寻找机会让孩子体会到参与感或价值感。

二、第二种目的：寻求权力

孩子在拖拉磨蹭的时候，你能够感受到孩子就是在故意不听你的，不想听你的安排和命令。他作业也会做，但就是不好好去做；他故意和你消极对抗，故意和你对着干，你感受到自己好像被挑衅了。在这种情形下，孩子行为背后的目的是什么呢，根据错误行为目的表，我们能够发现，是寻求权力。

当孩子用这样的方式寻求权力的时候，他内心是这样想的：不要安排我，不要控制我，当我自己能够做主、自己能够做决定的时候，我就感觉自己是被尊重的，是有价值的、被爱的。反之，如果别人强迫我、命令我，我就感觉自己是不被尊重的，是没有价值或者不被爱的。

当孩子感受到自己被命令、被强迫，他就会和我们对着干，让我们知道自己拿他没办法。

那我们应该怎么办呢？我们要有清晰的界限意识，不能什么事情都揽在自己手上，也不能什么事情都想要为孩子做主,越这样管,孩子越不会配合。

悦悦家三代同堂,8岁的悦悦是家里的独生子,意味着被爷爷奶奶、爸爸妈妈4个成年人关心的同时,也被4个人管教。

尤其在写作业的时候,经常一家人齐齐上阵,爷爷说奶奶用的方法错了,自己昨天教的那个方法好;奶奶说两种方法都可以,都学,对孩子也好;爸爸妈妈下班后,又唠叨孩子没有用课堂上老师讲的方法,老师都在群里提醒,说孩子的作业不合格了。

到后来,只要家里有人提醒悦悦写作业,或者在悦悦写作业的过程中说了什么话,他就会生气、崩溃、大吼大叫。

悦悦的爸爸走进课堂后,我们做了一次角色扮演,让爸爸扮演悦悦,还原了一下悦悦做作业时的场景,让爸爸细细体会悦悦的感受,才几分钟,爸爸就觉得自己要崩溃了。

在我们的建议下,悦悦爸爸回家开了个家庭会议,大家达成了一致的意见:

1. 跟孩子道歉,告诉孩子,全家人在对待他写作业的方式上有不当行为,现在全家都在努力调整,特别需要孩子的帮助,希望他感觉不好的时候,试着把感受告诉大家,以及希望大家怎么做。

2. 在孩子提出的诸多建议中,选择了如下两条执行。

A. 写作业时只能有一个人负责,不能大家你一言我一语。经过讨论,大家一致决定由当天时间最充分的人来负责孩子的作业,一旦这个人负责孩子的作业,其他人就都不要对孩子的作业发表任何建议。

B. 在写作业之前,由悦悦自己来决定,从放学到睡觉前的时间该怎么安排。如果按照悦悦自己的决定,作业没有完成,悦悦自己承担自然后果,比如很晚睡觉、早上起不来,或者作业完不成被老师批评。家人不得批评或者责备。

当家里做了这样一个调整之后,孩子的状态明显不一样,感觉开心了很多,脾气没有以前那么大了,写作业也变得高效了很多。

很多时候,因为太关心孩子,我们容易把属于孩子的事情揽过来。要避免悦悦家这样的冲突,在日常生活中,我们一定要做好区分,如果是孩子的事情,尽可能地把决定权慢慢地还给孩子,我们只是在旁边关注和支持,就足够了。

当孩子错误行为背后的目的是寻求权力,我们可以如何做呢?

- 承认我们不能强迫孩子；
- 从冲突中暂时撤离，等双方冷静之后再解决问题；
- 运用提问、给孩子选择等方式，听取孩子的意见，邀请孩子来参与决定，跟孩子说："在这件事情上，我没办法强迫你，你对做这件事是什么想法呢？""通过什么方式来完成这件事会更好呢？你来决定。"

三、第三种目的：报复

有时候，孩子除了故意拖拉磨蹭之外，还会故意搞一下破坏，打弟弟妹妹、故意把墨汁弄到桌面上，甚至会用一些恶毒的语言攻击父母，比如"我不要你陪，你笨死了，我要爸爸来陪我写作业""我讨厌你！我要把你换掉，和别人家的妈妈换"……

当这样的挑战发生的时候，我们会有一种特别受伤害的感觉，没办法想象自己为孩子做了这么多，他怎么会说这样的话来伤害我呢？

有一个小朋友，在玩 IPAD 的时候超时了两分钟，结果 IPAD 直接被妈妈抢走，同时还告诉他，因为你不遵守约定，所以，接下来一个星期的IPAD时间都没有了。

带着这种情绪，孩子开始写作业，过一会儿他就借口字写错了，一把把写完的撕掉，如此数次重复。

此时的孩子，内心有被伤害的感觉，他想要报复，想要以牙还牙，把这种受伤害的感觉还给对方，他就会自己感觉好一些。但事实上，当一个孩子有被伤害的感觉时，他真正想做的并不是去伤害别人，而是想要自己受伤的感受被看见。

当孩子有类似不当行为时，我们需要看到孩子受伤害的感觉，反思自己的行为当中，有哪些是不妥当的、让孩子感受到不尊重的，然后去跟孩子建立联结、修复关系，帮助孩子感觉好一些，在这样的基础上，再陪着孩子写作业，孩子效率就会高很多。

比较见效的修复方式有：承认错误，拥抱孩子，表达对孩子的爱意。

在这个情形当中，父母可以这样做：

1. 看到孩子行为背后的情绪。因为玩IPAD超时两分钟，妈妈把接下来一周的时间都扣掉了，孩子感觉没有受到尊重，受伤害。

2. 父母需要就事论事解决问题，对于自己做得不恰当的部分可以诚恳地表达歉意,告诉孩子:"妈妈不应该在没有事先约定的情况下,擅自决定对你的处罚。"

3. 在表达歉意之后,内心要有一个孩子的情绪需要释放和缓冲的心理预期,通过倾听,让孩子把内心的情绪表达和倾诉出来。

4. 等孩子情绪平复下来,再冷静地探讨下一次玩 IPAD 如果没能遵守约定,可以采取怎样的措施。

需要特别跟大家强调的是,如果我们的行为本身有不妥当,是需要向孩子道歉的;如果我们并没有做错什么,只是因为规则本身让孩子感受到不舒服了,我们可以去理解孩子、包容孩子,但不需要去跟孩子说抱歉。

当我们理解孩子行为背后的目的是报复,是内心受伤害的感受没有得到恰当对待,我们可以怎样做呢?

- 意识到在冲突中我们自己需要承担的责任是什么;
- 坦诚地和孩子表达,爸爸妈妈也有做得不恰当的地方,对于自己不恰当的言行,和孩子真诚具体地道歉;
- 当"对不起"这样的语言道歉不管用的时候,要用行动,甚至是一段时间的行动来弥补;

> ● 当双方的关系恢复、情绪稳定时,回到建设性的讨论:那件让我们感到不愉快的事情,要如何解决?

四、第四种目的:自暴自弃

大人和孩子,看待一道题、一件事的难易程度是不一样的。有时孩子是真的不会,不知道这个题该怎么做,不知道一件事该如何去完成。

孩子在上课的时候没有听懂,其实内心就已经有挫败感了,这个时候,我们作为父母,如果对孩子没有理解,没有支持,只有指责和高要求的话,那孩子的压力和挫败感,就会更大。

在我们辅导过的家庭实例中,有一个孩子,每次坐到书桌前,就蔫蔫的,耷拉着脑袋。不管问什么她都会用蚊子哼哼一样的声音回答:"我不会。"

阅读、背诵课文这一类的作业还好,只要涉及需要动手来写字的部分,孩子的眉毛就皱成一团,表情非常痛苦。

在这种情形之下,孩子面临的困难,不是情绪上的需求,而是事情本身带给她的困难,她是真的被难住了。

在这个案例中,我们告诉爸爸妈妈最先要做的,是试着帮孩子放下内心畏难的顾虑,告诉孩子:每个人在学习上,都会有遇到困难的时候,这是很正常的。

接下来,通过交流和观察,看到孩子的生字听写最为费力,家长就可以集中探讨如何在不给孩子过大压力的情况下,和孩子一起把生字书写能力提高,比如:

1. 在沙滩上写字,让孩子体会到写字的愉悦和放松,而不是紧张和压力;

2. 在孩子写得好的时候,及时地肯定和鼓励,不放大做得不好的地方,而是关注做得好的地方;

3. 留意孩子擅长的学习方式,运用孩子的优势学习方式来陪伴孩子学习。

总结起来就是,当孩子出现类似情况时:

- 家长停止批评孩子,并且表达愿意和孩子一起共渡难关的意愿;
- 耐心客观地和孩子一起找到困难所在;
- 设定合理的期待值,不要好高骛远,设定行动一小步就可以够得着的小目标;
- 及时、具体、真诚地鼓励孩子,无论是孩子的态度,还是实际的进步,都可以成为鼓励孩子的原因。

小结

在我的课堂上,我会跟家长们把上面这些方法,总结成非常简单的五个字:一定有原因。孩子不可爱的行为背后,让我们觉得生气的事情背后,一定都有原因。

学习完错误行为目的表当中提及的这些方法,有的家长能够快速理解,有的家长可能需要反复多看几遍才能理解。我和大家分享一个实例,看看有的家长在学习之后,是如何活学活用的。

有一位妈妈,孩子读一年级。有一次周末,带着孩子出去玩了一天,晚上七八点钟回到了家。路上孩子睡着了,刚到楼下,孩子就醒了,回到家后孩子很烦躁,一直哭闹,怎么哄都不肯睡。

妈妈心想,我陪你出去玩了一整天,现在回来,本来就累死了,你为什么还不快点睡呢,你睡着了,我不也可以早点休息吗?

妈妈很烦躁,也用一种很不耐烦的方式催促孩子快点睡,但没有半点用。忽然一下,妈妈想到了课堂上体验过的方式,也想起来了那五个字:一定有原因。

于是,这位妈妈开始冷静下来,在冷静的过程当中,她想到了，是不是孩子这一天玩得太累了，中途又被吵醒了瞌睡，现在他有一些入睡困难，再加上我一直催他，他就越来越难以平静地入睡了。妈妈似乎感受到孩子的行为背后有一句无声的话，那就是：我不是不想睡，我只是现在入睡困难。我需要帮助。

想到这里，妈妈的心就忽然变得柔软了。她走到孩子床边，抱着孩子说："宝贝，你睡不着，是不是因为很累，妈妈又在催你，所以你会越来越难睡着，是吗？"

这句话一出来，孩子感受到被理解，很委屈地哭了。

妈妈继续抱着他，说："现在，妈妈不催你了，你睡得着、睡不着，都没有关系，妈妈都愿意陪着你，给你摸摸背，等你愿意的时候，你再好好睡觉就可以了。"

妈妈就这样碎碎地和孩子说了几句，不到两分钟，孩子就安心地睡着了。

当我们面对一个有不当行为的孩子时，哪怕我们没有对应找到孩子行为背后的精准目的，只要我们内心有意识，去关注孩子行为背后的想法，结果可能都会很不一样。

第三节

了解孩子的有效路径

如果我们需要让一台机器运转,首先我们需要了解这台机器的性能,去仔细地学习这台机器的操作说明,否则,再好的机器在不懂它的人手上,也是一堆废铁。

养孩子也是如此。我们花时间和精力去懂孩子,才能恰到好处地"鸡娃",轻松又高效地养育出一个出色的孩子。

让人遗憾的是,全世界几乎所有的产品都有使用说明,唯独孩子出生时没有附上一本"使用说明书"。

在养育孩子的路上,我们常常因为"不懂"而分外"焦虑"。那要怎样才能懂你的孩子呢?

一、从只关注孩子行为的结果到关注孩子的内心

什么是只对孩子行为的结果感兴趣呢？一个最常见的现象就是重视考试成绩胜过其他所有。尤其是孩子进入小学后，家长便唯分数论。考好了，孩子是最让父母骄傲的好孩子；如果没有考好，这个孩子哪怕别的方面再优秀，也好像一无是处。

有一位妈妈，非常在意孩子的启蒙教育，一直期望孩子能学习成绩优异。所以在自己女儿一两岁的时候就开始教孩子识字、数数。

等到女儿上学了，每次考试结束，老师会公布几个分数段，如100分的几个，90～100分的几个，80～90分的几个……如果孩子的分数是最靠前的，她就会非常开心，一定会第一时间在朋友圈发出孩子的考试试卷；如果没有考到最靠前的分数段，她会用各种方式来让孩子"长记性"，比如罚站半个小时，比如绕着小区跑十圈，比如一个月没有零花钱等。

不知道从什么时候起，这个小女孩开始变得沉默了，不再像以前那么开朗了。老师问她怎么了，她也从来不说，一次很偶然的机会，她画了一幅画，画里有两个人，一个是高大的妈妈，一个是弱小的她自己，旁边的一句旁白是"我只

是你的分数机器"。

一个才读小学二年级的孩子,就发出"我只是你的分数机器"这样的感叹,着实是一件危险并且可悲的事情。

这个孩子才读小学二年级,但是所有的课余时间,几乎都被妈妈用各种额外的练习填满了。她没有自己的兴趣和爱好,没有好朋友,没有她这个年龄阶段本来应有的幻想和童真……

如果有人问这个孩子的妈妈,这个学期女儿的考试成绩如何,无论是大考还是小考,妈妈都如数家珍;但是,如果有人问妈妈,你的女儿现在的兴趣爱好是什么呀?她现在最好的朋友是谁呀?她周末喜欢和哪些朋友一起玩、玩些什么呀?妈妈却一句都回答不上来。

当我们对孩子本身没有兴趣,只对孩子行为的结果感兴趣时,我们其实很难对孩子产生真正的影响力。

如果真的想让孩子能一直愿意听我们的,我们首先要做的就是从只关注孩子行为的结果到关注孩子的内心。具体来说有3个路径。

路径1:管住嘴,开始倾听

有一对双胞胎,8岁,是姐弟龙凤胎。

他们的妈妈，每天到了晚上，声音都会有些沙哑，因为白天和两个双胞胎相处下来，说的话太多，一到晚上，嗓子就扛不住了。

有一天，妈妈声音彻底嘶哑了，说不出话来。

在那几天恢复调养的时间里，她不能说话，实在急起来，只能用纸笔写出来，拿给孩子看，或者用手势，但是比起平时直接用语言说的话，已经大大减少了。

这时候她发现，两个孩子竟然比之前更能友好相处了，有什么事情姐弟俩自己能够商量着解决，也变得更加自律，能够记得自己要做的事情，并且按时做好，不需要妈妈来催。

她觉得好神奇呀。为什么这两个孩子，在她嗓子说不出话来的这几天里，表现得这么自律和愿意彼此合作呢？

等她嗓子好了之后，她问两个孩子，两个孩子异口同声地说：因为妈妈没有那么吵了呀。

如果我们在辅导孩子、陪伴孩子的时候，觉得自己很累，觉得自己口干舌燥，那很有可能就是：讲得太多了，而听得太少了。

在这个讲的过程中，我们只是在意自己所讲的孩子有没有听，有没有照做，有没有简单快速地把眼下的事情做完，至于孩子对什么感兴趣，想要用什么样的方式来解决问题，我们没有花太多的精力来关注。

可是我们的唠叨，一点儿用都没有。因为无效的方式，并不会因为重复很多遍就变得有效。

现在，我们试着全身放松，来想象这样一个场景，想象自己是一个刚刚学会走路的孩子，你有时候能够走好，有时候会摔跤，你想要试着朝前面走更多。当你刚刚站起来，正准备朝前面走的时候，身边或者前面，有这样一些声音：

宝贝小心啊，小心别摔跤了。

大胆一点，眼睛看前面，看着妈妈。

不要朝有水的地方走，那边滑，走这边，这边没有水。

鞋子要穿好，鞋带要系紧，小心一会儿踩到鞋带会摔跤。

不要害怕，摔倒了快点爬起来。

眼睛看前面，这样你的脚步会更加平衡。

要多走啊，多走你就可以更快地学会走路了。

……

如果你是那个孩子，在那个忐忑的、好奇的、本来充满期待的路上，身边环绕着这么多的声音，你会怎么想？你会觉得：呀，真是太好了，有这么多的声音，及时地帮助我，真的是对我太有帮助了？还是会觉得：烦死了，我都不知道该怎么走路了。一件本来很平常的事情,现在觉得怎么做都好像不对了似的?

每个孩子学习一个新的技能时,都需要练习,刚成为一名小学生、开始学着做作业、学着适应45分钟的课堂……这些,对于他们来说,就跟1岁时他蹒跚学步一样,都是新鲜的。

我们跟孩子说的那些话,表达的是我们自己的认知和经验,或者说在证明自己的能力,但那个认知和经验是属于我们自己的,不一定能够指导得了孩子,更重要的是,孩子需要在自己的体验当中学习,我们的唠叨越少,有效的倾听越多,孩子的体验可能就会越纯粹、越自然、越有效。

什么才是有效的倾听呢?

有以下四要素:

- 不打断、不评判孩子的发言,帮助孩子完整地、从容地表达;
- 朝向孩子的坐姿,让孩子感受到你在关注他们;
- 表情和善,用一些简单语句"嗯""这样啊""是的"或是点头来适当回应,让孩子感受到你在认真地听;

> ● 不要急于去教孩子，尊重孩子的表达，尤其在他们有不同感受的时候。

<u>父母的实践练习：试着锻炼管住嘴、倾听孩子说话的能力</u>

花时间来观察自己和孩子相处的一小段时间，或者半个小时，或者半天，去觉察一下，自己和孩子说的那些话当中，有多少是必须要说的；有多少只是废话，是不需要说的。

路径 2：不带目的的聊天

在湖南卫视《放学后》这档节目的拍摄过程中，我们接触到这样一个家庭：孩子8岁，读小学二年级，爸爸妈妈觉得他就是个话痨，而且说的话总是不着边际，爸爸妈妈觉得他"真烦人"。

但这个孩子似乎并没有觉得自己很烦，每天还是一个劲儿地天马行空地聊，聊一些大人可能也听不懂的话题，比如黑洞，比如宇宙……

开始写作业的时候，则是灾难了。生字抄写，每次一个小时，写不完十个字。玩橡皮、发呆、吃东西……各种小动作，但就是不好好写。家长去看着他、盯着他写，他往往能够写两三个字，然后，又开始和家长各种"神侃"。

家长非常烦恼，觉得脑袋里有无数只苍蝇在飞，孩子的作业不管不行，管也没用。

当节目组通过观察家庭的同步生活视频之后，发现这个表达欲很强的孩子，有一对非常不愿意倾听孩子的父母。

我们当时给其中一位家长一个很小的建议，就是在辅导孩子的作业时，孩子又开始他的神侃时，爸爸可以试着邀请孩子，放下手上所有的东西，陪孩子聊天。

聊了5分钟的时候，这个爸爸跟我发信息说自己快要坚持不住了。

我们的建议是，不要为听而听，而是真的去听孩子表达的内容。

这样一来，爸爸不知不觉跟孩子聊了半个小时。吃完晚餐之后，孩子又继续跟爸爸讲了30分钟，爸爸一直都在认真倾听并在适当的时候给他反馈。

神奇的是，平时晚上10点还完成不了作业，那天完成作业仅花了20分钟，晚上9点不到就全部完成了。

不带目的的聊天，是一条通往了解孩子内心的路。

真正对一个孩子的想法感兴趣，用心地去倾听，会发现孩子在用他们的语言，给大人呈现一个新奇未知的世界。

在我们辅导小学生，尤其是小学高年级的孩子时，发现他们抱怨最多的一点就是：父母只关心作业和成绩，根本就不关心他们。

为什么我们为孩子做了很多很多，而孩子却没有被关注、被关心的感觉呢？很重要的原因，在于我们在关心孩子的时候，只是关注孩子外在的行为和结果，而没有关注孩子的感受、想法和兴趣。

当然，整个聊天的过程，我们的倾听只是其中的一部分，还有更多的聊天环节，是通过你一句我一句来实现沟通的。

在你一句我一句的过程当中，我们说什么，会更加有助于孩子的表达，从而帮助我们更多地了解孩子呢？

"今天在学校过得怎么样啊？"我们可能会以为，当自己这样问孩子的时候，就是在准备开始一段聊天，就是对孩子这一天过得怎么样感兴趣。但事实是，很多的孩子回答这个问题时，回答基本上是"还好啊""不怎么样啊"。这样的聊天，一开始就是结束。

下面我列举一些能够让孩子打开话匣子的表达方式。

对孩子的感受感兴趣

- 在这件事情发生的时候，你有什么样的感觉呢？

- 听上去你有一些难过。
- 妈妈理解这种感觉。当我的好朋友不和我玩,我也会感觉很孤单。
- 我们每个人都会有生气、难过的时候。
- 噢,你不是愤怒,你只是心疼自己的劳动成果。
- 妈妈知道你现在心里难过,很生气,妈妈陪你待着,生气、难过也是可以的,妈妈也愿意就这样陪着你。

对孩子的想法感兴趣

- 你是怎么看待这件事情的呢?
- 你的同学这样说你,你是怎么看待他的这些话的呢?
- 每个人看法都不一样,妈妈很在意现在你有什么样的看法。
- 一件事情有不同的理解角度,人和人之间确实有很多不同的地方。
- 你同意他们的看法吗?
- 你内心是怎么看待你自己的呢?别人的看法,你自己的看法,你更看重哪一个呢?

对事情的细节感兴趣

- 这个星期调座位了吧,你现在的新同桌是谁呀?

- 你们下课一般都玩什么游戏呀？在哪里玩呢？
- 当时还有哪些人呀？那当时他们都说了什么，做了什么呢？
- 后来呢？事情又怎样了呢？
- 食堂的饭菜你最喜欢吃的是什么？最不喜欢吃的是什么呀？
- 听说你们英语老师出差去了，这个星期的英语课，你们班上是怎么安排的呢？

我们可以每天选择一段时间，一般是放学后回家的路上，或者是睡前，和孩子一起来聊一聊，这一天感觉怎么样？有哪些开心的事情，又有哪些不开心的事情呢？

我们还可以和孩子约定用不同的暗号来表示开心或者不开心的事情，比如用"刺"表示不开心的事情，用"玫瑰"表示开心的事情；比如用"石头"表示不开心的事情，用"棉花糖"表示开心的事情。

有一个周末，我和我的孩子登登在讨论下午的时间怎么过，商量好了看电影。

登登想在家里看，我想去电影院。

沟通之后的共识是：这一周按照他的想法来安排，在家里看电影；下一周，按我的想法来，去电影院。

这是一件生活当中很平常的事情，平常到如果我们不注意，可能就是几句聊过的天、一场看过的电影。

晚上睡觉之前，我们一起聊天，登登说，今天有好多开心的事情。

"是不是看了你喜欢的电影？"我这样问他（哈哈，大人的自以为是真是随处可见）。

"不是，电影只是其中一朵很小的玫瑰（玫瑰是我们聊天的约定，代表今天开心的事情），最大的那一朵，和看电影其实没有什么关系了。"

听到这一句，我的好奇心瞬间冒出来，他最大的那一朵玫瑰，他最开心的那件事情，是什么呢？

登登说，我今天有三朵玫瑰：

第一朵玫瑰，也是最小的那一朵，是看了自己喜欢看的电影；

第二朵玫瑰，是妈妈陪在我一起看的；

第三朵玫瑰，是妈妈和我一起商量的时候，我感受到妈妈对我的尊重，会理解我很想看这部电影的心情，会让着我，这周先看我喜欢的，下周再看妈妈喜欢的，这种被理解的感觉，是最大的那朵玫瑰。

没有开灯，我看不到他的表情，但是，我的心里某个地方，好像被击中了。

如果没有这样轻松的、不带目的的聊天，我就没有办法知道，在这件事情当中，他真正感觉开心的事情是什么。

带着这份好奇心，我好像看到了一幅徐徐展开的饱满的画卷，而不是我自己断章取义地截取其中的一部分。

如果他说："今天，我开心的是我和妈妈商量的时候，我赢了，我实现了自己的想法。"那在这句话的背后，我会感受到，"我能够主导很重要的事情，当我能够主导事情，我会感觉很好"，这种能够主导一件事情的掌控感对我的孩子来说很重要。

如果他说："第三朵玫瑰，是妈妈和我一起商量的时候，我感受到妈妈对我的尊重，会理解我很想很想看这部电影的心情，这种被理解的感觉，是最大的玫瑰。"在这句话的背后，我能够感受到，他感觉好的方向是"当我的感受被理解、被尊重的时候，我会感觉很好"。

了解孩子，就是通过这样的点点滴滴。不带目的的聊天，不做评价的倾听，就是通往孩子内心的一个又一个脚印。

父母的实践练习：

我们可以在一天当中，安排出一小段时间，放下工作、放下手机，全身心地陪伴孩子，聊天也好、游戏也好，慢慢地摸清楚孩子喜欢什么、害怕什么、在乎什么、重视什么。

练习提示：

● 在这个过程当中，不急于下结论，不做评判，去觉察我们随时随地可能会冒出来的"自以为是"。

● 如果你此前有惩罚孩子的习惯，在进行这样的沟通之前，需要先承诺自己不会因为这些表达而生气，或惩罚孩子，让孩子感受到表达是安全的，他们才敢真实地表达自己。

● 当我们听到孩子在说一些让自己不舒服的话时，不要急于打断或者插话，这些不舒服的背后，其实隐藏着很多可以了解彼此的线索。

● 如果你的孩子已经进入小学高年级，如果你们之间聊天的习惯没有保持好，现在忽然一起聊天，似乎双方都有点儿不适应，你可以尝试和孩子闲坐在同一个空间里，你做你的事情，孩子做孩子的事情（除使用电子产品之外的其他事情），慢慢地，你就会发现，可以有机会自然地打开双方的话匣子。

如果你做了这个练习，欢迎你把练习的细节和感受，记录在这里。

路径 3：尊重孩子的梦想

有很多孩子，其实在一开始是有梦想的，也是敢于有梦想的，但我们时常因为自己的见识所限，或希望孩子更脚踏实地，而去简单地想要否定孩子的梦想，会觉得孩子的梦想不着边际，殊不知这些我们认为"正确"的否定，带给孩子的却是梦想的毁灭和破坏。

尊重一个人的梦想，其实就是尊重一个人本来的样子。对于孩子的梦想，我们应该如何做才是提供有效的支持，而不是带着无知的阻碍呢？

在彼得·巴菲特所著的《做你自己》这本书里面，讲了这样一个细节：当时，彼得对于自己家族所从事的金融行业没有兴趣，彼得的妈妈说，我的孩子将来要成为一个什么样的人，会从事什么样的行业和工作，这是我孩子的事情，我不会要求或者期待他，去从事巴菲特家族的金融行业。哪怕有一天，我的孩子和我说，我愿意当一名城市的清洁工，如果我看到他每天开心地工作，把这个城市打扫得干干净净，他在这份工作里能够感受到快乐和价值，那我也同样会尊重他，看着他去当一名快乐的清洁工。

如果我们界限不清晰，就会无意识地把自己的期待寄托在孩子身上,希望孩子去实现。

如果界限清晰,就会自己去面对自己人生的遗憾,同时,尊重孩子有他自己的人生梦想和轨迹。

因为孩子也会有他自己的人生梦想,总不能一代一代地往下传,把梦想又传给自己的孩子来实现吧?

二、从主观评价孩子到客观看见孩子

很多时候,我们以为自己无比了解孩子,可能事实并非如此。

有个妈妈说:"我的孩子我太了解了,就他那点小心思,我看一眼就知道了。比方说只要他写作业的时候,在书房里有超过二十分钟以上没有发出声音,肯定就是在玩 IPAD,或者是在捣鼓一些别的东西,反正不会认真写作业。"

这其实不是了解孩子,而是我们戴着有色眼镜,在主观地评价孩子。在没了解孩子真正想做什么之前,先给孩子贴上了"不认真写作业"的标签。

那要怎样去了解自己的孩子呢?是站在一个客观中立的角度上,就像照镜子一样,去看见孩子。

当我们像照镜子一样看见孩子时,我们看到的是他今天穿了什么衣服,梳了什么发型,而不是去评判,他今天衣服穿得这么随意,发型梳得这么奇怪,他是不是不太认真?

如何客观看见孩子,通常有以下两种路径。

路径 1:观察孩子擅长的学习方式,因材施教

前面我们说到,每个孩子都有自己擅长的学习管道,有些孩子视觉信息很敏感,有些则是听觉,还有的是体觉。

现有的学习授课模式,对视觉信息、听觉信息敏感的孩子有利,但是,如果是体觉为最佳学习管道的孩子,就会面临很大的压力。一种相对常见的挑战是:体觉型学习管道的孩子通常在课堂上坐不住,在家里写作业的时候,也是东扭一下西扭一下,老师看到之后,会觉得这个孩子不认真,不遵守课堂纪律。如果家有体觉型学习的孩子,作为父母,我们应该怎么办呢?

1. 帮助孩子多开发一些运用体觉的学习方式

有一位爸爸,他的女儿读小学二年级,很难专心坐下来阅读。当他了解到女儿的最佳学习类型是体觉型之后,他开始接纳女儿的这个状态,同时,也在积极地想办法。他开始带着孩子,用笔在书上画笔记,或者画图来表达自己的感受,贴便签条来提醒自己……很惊喜的是,原来根本沉不下心来

阅读的女孩，在爸爸用这种方式带领下，开始对阅读有了很大的兴趣和热情。

他们父女俩一起阅读的桌子很大，上面可以放各种颜色的笔、手工材料，用他妈妈的话来说，那个一起阅读的场面相当壮观。

当孩子可以一边阅读，一边动手画一画，做标记，她所擅长的体觉功能就被调动了起来。当这种感受融入她的阅读当中，会直接增强她的阅读乐趣，这种乐趣就能够帮助孩子增强专注力。

2. 理解并接纳孩子的状态，帮助孩子创造释放体能的机会

很多坐不住的、在父母眼里不停捣乱的孩子，是他们身体里面有充沛的体能精力没有释放出来。这些体能，总要有一个出口。孩子是有内在智慧的，当外界没有为他们提供的时候，他们会为自己去寻找。

在我们的孩提时代，我们有开阔的运动场地，有无处不在的大自然，还有小伙伴，在运动打闹的过程当中，这些精力不知不觉被释放掉了，当回到家坐在书桌前的时候，自然可以平静下来。

但现在的孩子，运动的时间和空间都非常有限。

有一个孩子，他上网课的时候，腿总是不停地抖，或者一只手总要甩呀甩呀玩个什么东西，虽然看上去他好像不认真，但是一点也不影响学习的效果。但是，他的妈妈就接受不了这一点，觉得他不认真，一定要端端正正地坐着。

他的妈妈越是要纠正孩子这一点，孩子反而腿抖得更加厉害，甚至和妈妈说，我就是控制不住。

当我告诉这个妈妈，上网课时孩子动动手和脚反而对孩子的学习有益的时候，她表示很惊讶。我说，人在学习时需要保持大脑的兴奋性，而网课因为只有屏幕的交流，很容易让听课者犯困，孩子在上课的时候动动手、脚，可以通过肢体的运动保持大脑的兴奋性。只要没有影响学习的效果，那就不要去干涉，干涉了反而影响学习效果。

在这里，妈妈的干涉对孩子来说，其实是一种打扰。因为一个孩子的行为，越是不断地被指出来不对、不好、要改，孩子就越会感受到一种被否定甚至被嫌弃，这个时候，他会不知不觉用很多精力去对抗父母。

当一个孩子的行为被允许、被接纳，父母认为是正常的、不需要改变时，这个孩子就被解放了，内心巨大的"我不够好，我需要改"的压力就放下来了。当压力放下来，孩子的精力就会专注在学习上。这就是接纳与承认的力量。

3. 通过体觉的优势，让孩子树立自信

任何一个人，只要在某一个方面有着自信，在他的内心就已经有一个声音：我可以，我能行。这种积极自信的自我认知，是可以运用到其他领域的。

比如一个孩子学习成绩不好，但是他的篮球打得很棒，或者是足球踢得很酷，又或者定向越野的耐力很好……在这些领域的自信体验，都可以帮助这个孩子更从容地去面对那些他暂时不那么擅长的学习内容。

有一位爸爸，他自己每周会去健身，当他看着孩子周末在家里写作业，安静不下来很痛苦的样子，突然有一个想法——带着儿子一起去健身。没想到，儿子进了健身房特别喜欢。看到孩子感兴趣，爸爸特意给儿子找了一位专业的儿童体能私教。爸爸没有带什么目的，也没有想过，这样一个行为之后，可以带给这个孩子什么。

后来，有一次上体育课，老师在讲解一个动作的时候，看到这个孩子做得非常好，就邀请这个孩子做示范，孩子非常自然地表述动作的要领，其他同学都投以钦佩的目光。很自然地，一些动作完成比较困难的同学，都开始来找他请教。在这个过程当中，他的朋友越来越多，他也开始主动地去找班上学习成绩比较好的同学去请教。

两个月下来,孩子在班上形成了良好的人际关系,学习成绩也由原来的中下,一下子到了中上。

路径2:看见孩子的行为,用客观的描述来鼓励孩子

对一个孩子感兴趣,不仅仅是对孩子所做出来的结果感兴趣,更要对孩子在这个过程中的努力、付出、所做的练习和坚持感兴趣,把这些细节都看在眼里,在合适的时候告诉孩子,让孩子感受到:他的付出,父母都是看在眼里的,都是很重视的。

我们试着把自己放在孩子的角度,来体验一下下面的语言:

妈妈看到今天你开始写作业的时候,不需要别人的提醒。

我看到你自己把书包收得整整齐齐的了。

整个暑假,天气这么热,一个月的篮球集训,你都按时坚持下来了。

我看到今天你回到家,自己就先做好了时间的安排。

今天在楼下玩的时候,妈妈看到你会主动地帮提东西的邻居扶着铁门、按好电梯,那一刻,妈妈感受到我的孩子又长大了。

如果我们自己就是孩子，在听到这样的语言时会是什么感受呢？

有一位妈妈，她8岁的儿子玩手机的瘾非常大。他们商量好，每天孩子可以玩半个小时的手机，玩完这半个小时，儿子会主动要求妈妈把家里的网线拔掉。虽然孩子偶尔玩游戏还是会有超时的情况，但这位妈妈是这样说的："看到你今天玩游戏超时了几分钟，但我能够理解你，要建立一个新的习惯确实不容易。妈妈更加相信你的是，你是真的愿意下决心来做一些改变，你让妈妈把网线拔掉，这就是一种决心。妈妈相信你，妈妈也愿意在这个过程中陪着你。"

当我们开始用心地观察孩子，就会自然地看到这些点。当然，最开始我们可能并不习惯，也不了解什么样的方式可以有效地鼓励孩子。有一个最为简单的办法，找一个我们自己和孩子都非常轻松的时候，和孩子一起聊天："在你的记忆当中，哪件事情，会让你感觉很开心，或者感觉自己很有力量呀？"

孩子可能会讲出一件或几件事情的场景出来，在这些场景当中，就隐藏着对孩子有效的鼓励方式。

当然，了解孩子被有效鼓励的方式有很多种，并且父母练习去有效地鼓励孩子这件事，并不是一时的事情，而是一生的事情。

方法总结：客观地描述出孩子的行为中值得肯定的细节，哪怕是在我们看来很糟糕的情形下，也可以练习从中发现孩子值得肯定的地方。

登登上小学一年级的时候，跳绳不是很熟练，所以需要很多的练习。当时，班上有很多小朋友都已经跳得很好了，他心里也有一些压力。

在练习的时候，如果跳得死绳的次数多了，他会很生气，把绳子甩到边上，气得在旁边大哭，哭完之后，会继续擦干眼泪，继续跳绳。

整个过程，我不会有半句催促，也不会在他没有向我寻求帮助的时候，主动去帮助或保护他。

晚上睡觉之前，我们聊天。我说："我看到你在跳绳的时候，会有一些挫折和困难，但是你会用你自己的方式，先哭完，先让自己平静下来，然后再坚持练习。妈妈很感动，也从你的身上学习到了很多。比如在做不到的时候就让自己哭一会儿，比如坚持。"

孩子听到这些，会开心地和我拥抱一下，然后，很快就安心地睡着了。

三、从贴标签到多角度了解孩子

什么是贴标签呢？就是根据某一件事来断定：这是一个聪明的孩子，这是一个调皮的孩子，这是一个内向的孩子……

所有的标签，本质都是一种限制。"聪明""调皮""内向"等标签可以帮助我们去表述每个孩子之间的不一样，但是作为父母，我们不能停留在这个印象里面，而是要去发掘孩子不同的可能性。

有这样两个孩子。一个孩子9岁半，是个女孩，叫米米。米米妈妈说："我们家孩子一写作业就说头痛，一有点风吹草动，就立马开小差、分神。"

这位妈妈，动不动就把"静不下心来，三分钟热度，一点风吹草动就蹿出去了"这一类的话挂在嘴边，结果是孩子和家长之间的冲突越来越大，到后来孩子干脆不让妈妈辅导作业。

第二个孩子7岁，是个男孩，叫阿力。刚进一年级，上小学之后，老师给的反馈也是上课容易开小差，尤其是一听到什么声音，就会立马做出反应。

阿力的妈妈听到老师的课堂反馈之后，发现孩子对声音很敏感，于是夫妻俩一起商量，针对孩子这样的特点，家里可以做些什么力所能及的调整。夫妻商量的结果是：

1. 在征得孩子理解与同意之后，把上学、放学路上在车上听的音乐，换成孩子的英语课程同步音频，帮助孩子通过自然的听力输入，增强英语语感；

2. 更新孩子的听力设备，用高品质的输出设备给孩子来听；

3. 对孩子的鼓励，之前用小纸条写给孩子，现在换成直接用语言表达出来。

就只是这样小小的行动，看上去自然平淡得不得了。很有意思的是，从车上换了英语音频开始，孩子看上去没有认真听，但回到家，当天要求会背的英语课文，他很快就可以背出来。同时，妈妈也能够感受到孩子学习英语明显越来越自信了。

同样的信息，当父母觉得我的孩子是一个什么样的孩子时，这个"是什么"就开始变成了孩子的限制；而当父母觉得这是我的孩子的一个特点时，就变成了"我可以做些什么"的成长性支持。

随着孩子成长，我们会发现，我们没办法用某一个特定的词来形容孩子，因为孩子正在慢慢体验生命的丰富性，在他们身上可以看到很多不同的状态。避免给孩子贴标签，也是避免用"是什么"来限制孩子。

家长如何突破标签性的认知带给孩子的限制，从而给到孩子有效的支持呢？

第一，作为家长，先要试着梳理，对孩子已经有哪些不恰当的偏颇的看法。

家长对孩子有很多的看法，有些是相对客观的，也有一些是不恰当的、偏颇的。如果一种不恰当的认知牢固地形成，就会像标签一样贴在孩子的身上。

小明和小莉在期中考试的时候都退步了。

小明的妈妈说，我们家孩子成绩就是不稳定，总是像坐过山车一样，抓紧一点就好一点，不抓就不行，学习的时候一点都不主动，总觉得学习是父母的事情。

小莉的妈妈说，成绩退步了，一定有原因，我需要和孩子一起去静下心来找找原因，找到原因，有针对性地去调整，就可以了。

我们来看，在小明的妈妈眼里，"小明学习一点都不主动"，这就是一个主观的偏颇的认知。孩子成绩不稳定，和学习不主动，本质上是不能画等号的。

在小莉的妈妈这里，就事论事，不关注于给孩子下什么结论，而是和孩子一起解决问题。

有的父母会说，我不会在孩子面前说这些话的，没有关系。

事实上，父母如何看、如何想，相比父母如何说，孩子会更加真切地感受到。

在父母内在的想法与外在的行为当中，内在想法潜移默化的影响，也会超过外在行为的影响。

第二，试着自己练习拿掉那些标签，试着从这些标签带给自己的限制中突破出来。

如果父母在自己的成长经历当中，没有学会如何从一个标签的固定印象中解脱出来，那现在就需要练习这样的能力。当我们自己具备这样的能力，才有可能教会孩子，以及在养育孩子的过程当中自然地规避。

有一位妈妈，38岁，在过去的很多年中，她都尝试着去学习游泳，遗憾的是，她一直没有学会。一个很重要的因素是，身边有好多的声音不断地提醒她，"你水性不好""你学了好多年都学不会游泳"。

但在这一年，她的孩子无意当中说了一句话，让她看到了这件事情有不同的可能性。她的孩子说："妈妈，你不是学不会游泳，你只是没有找到适合你的游泳教练。"

那一刻，妈妈豁然开朗。接下来，妈妈不再关注自己天性是不是怕水，也不再关注之前有过什么样的挫败经历，她把精力放在如何去找到一位适合自己的教练。结果，她两天就找到了一个合适的教练，一个星期就把游泳学会了。

"我不是属于某一类人，而只是某一种能力需要练习"，这样的思维，会大大地解放我们对孩子的认知，也会解放孩子的自我认知。

"我的孩子不是学习跟不上，他只是有一些基础知识没有掌握好，需要我们更有耐心地去教他。"

"他不是讨厌学习，对自己没有要求，他只是对于为什么要学习这件事情还没有明白，他需要有人用他能够理解的方式，来让他明白，学习对于他而言，到底有什么价值。"

"他不是很小气，不愿意分享，他只是不知道如何去保护自己最心爱的那几个玩具。"

"他不是胆小孤僻，他只是需要多一点时间来感受这个环境的友好，他只是需要让自己更有把握一点再来加入大家。"

……

我们可以尝试用这样的句式，来替换表达你对孩子的某些固有印象，也许，在这个不经意的过程当中，你会有一种解放的感觉。

第三,从关注孩子的具体行为,更多地转向对孩子具体行为的描述,而不是告诉孩子,他/她是个什么样的人。

孩子的行为,在父母眼里,大概分为两类:一类是父母满意的,一类是父母不满意的。

对于父母满意的,孩子们会比较容易得到表扬;对于父母不满意的,孩子可能会面临批评和指责。无论是表扬还是批评,其实都是在引导孩子通过外界的反馈来认识自己,而不是被鼓励去重视自己的感觉、想法以及决定。

很多父母都期待自己的孩子将来长大了,能够"内心有力量",但如何来实现这一点呢?客观地描述孩子的行为,关注你看到的事实,而不是关注如何去评价孩子。

小力早晨吃早餐的时候,有些着急,一不小心,就把稀饭给碰得洒了一整个餐桌。一般来说,小孩子出现这样的情形,很自然会听到这样的声音:"你怎么做事这么不小心呀?做事毛毛躁躁。"然后,家长一边骂骂咧咧一边动作迅速地代替孩子把这件事情做好。

但小力的妈妈没有这样做。她在看到这一幕之后,用轻松和幽默的语气说:"呀,我看到餐桌上全部都是稀饭。"

听到妈妈讲这句话,本来脸绷得紧紧的小力,好像一下子放松了很多,这件事情好像没有那么糟糕。

接下来,妈妈自言自语般地说:"这可怎么办呢?"

小力一听,想了一下之后,立马就行动了。他拿来抹布,很迅速地开始打扫,妈妈问:"小力需要妈妈帮忙吗?"

正在认真打扫的小力头也没抬地说:"没有关系,我自己可以做好的。"

妈妈就坐在旁边,依然平静地喝着自己的稀饭。大概五分钟之后,小力把餐桌基本上打扫干净了,小力说:"妈妈,你看。"神情很是自豪,那种犯了错之后好像不可饶恕的负担感一下子就没有了,取而代之的是一种感受到自己能力的神气的样子。

妈妈说:"呀,餐桌上干干净净的了,全部都被你打扫干净了呢。"

小力腼腆地笑了笑,继续和妈妈一起吃早餐。

整个过程,妈妈没有一句很伤及自尊的责骂,也没有一句让他飘飘然的表扬,更不涉及去评价孩子是个什么样的人,只是平静地、客观地,把眼前把看到的表达出来。

第四,和伴侣、老师,或其他相关的人,一起聊和孩子有关的事情,倾听对方的看法和观点,试着从对方的表达当中,看到孩子更多的特点。

我们常常会误解孩子,同时也在误解自己,这种误解是不可避免的。我们要做的,不是去杜绝自己对孩子的误解,这个要完全做到几乎不可能,但是我们可以多接触孩子身边不同的人,去听听他们是如何看待孩子的。

在这个听的过程中,不急于下结论,只是带着好奇心去了解:我的孩子,有哪些我还不了解的地方呢?

小雨在三年级的时候转了学。转学之后,班主任总是会时不时地和小雨的爸爸妈妈交流,说小雨胆子太小,时间一长,爸爸妈妈也莫名地有些压力。

有一天,小雨的爸爸妈妈无意当中和小雨的一位培训班老师艾米聊起这个苦恼,没有想到,艾米却给了小雨的爸爸妈妈完全不同的视角。艾米说:"也许他在新的学校还没有完全适应,说小雨是个很胆小的孩子,这一点我有不同的看法。首先,小雨来到我们培训班,时间也不长,但没有呈现出任何不适应、胆小的状态;然后,以我对孩子的观察,他并不是胆小,他只是相对慢热一点,但他内心的力量,他在一个团体里的担当,这些是可以看到的。像我们的夏令营,外出徒步,走在最前面带队的人就是他;我们在野外露营,手上只有一把手电,可以和老师一起去寻找附近最近的洗手间的也是他;当团队当中有人有不同的意见,有的孩子可能就人云亦云了,但你们家孩子不会,如果他不认同,他一定会有理有节地来进行反驳和讨论……能够做出这些行为的孩子,我真的不太同意说这是一个胆小的孩子,反而,我感受到这是一个内心力量感很强的孩子。"

小雨妈妈说,听完艾米老师这番话,她觉得整个人轻松多了。至少,妈妈有了不同的视角来看待自己的孩子。

同样的一个孩子,不同的两位老师,因为处于不同的角度,所以就有了不同的视角。

我们如果想要更细致、更全面地了解孩子,就要尝试拓宽了解的途径,多和孩子身边的其他人沟通,看看自己家的孩子,在他们眼中是什么样的。

当别人反馈出和自己认知不同的信息时,先不急着证明自己的看法是对是错,而是去感受一下,"嗯,这个看法和我的不一样,有点意思。"

父母的实践练习:

如果你做了上述尝试,欢迎你把练习的细节和感受,记录在这里。

四、从跟别人家孩子做比较到看见孩子的特别之处

我们可以试着让自己站在一个孩子的角度,去体会一下,当我听到下面这些话的时候,我会怎么看我自己?

对话A:

"你怎么就不知道向你的同桌学习呢?"

"看看人家,哪是你这个样子?"

"这也不喜欢,那也不喜欢,你说你到底要干吗?"

"同样是学琴两年,人家都考了三次了,你连个上台表演都不敢。"

"快点写,你的同桌每天半个小时就把作业写完了。"

"你的同桌英语那么好,你要多向人家学习。"

接下来,再体会一下下面的对话:

对话B

"每个人学琴的目的不一样,妈妈不会逼你去做你不愿意的事情。"

"妈妈不会拿你去和别人比,在妈妈心里,你就是独一无二的。"

"不喜欢不愿意,妈妈相信你一定有自己的原因。要不要说说看?"

"别人有别人的学习习惯,这个不重要,重要的是,我们一起找到适合你自己的学习习惯。"

"今天的作文,我看到了你最近阅读的成果,一边看书,一边思考,一边还可以运用在自己写作文的练习当中,妈妈学习到了这种很特别同时很高效的方法。"

"我们不需要像别人一样,你就是你,你就是爸爸妈妈独一无二的宝贝。"

作为家长,在我们自己成长的那个年代,我们内心都有一个非常讨厌的人,那就是"别人家孩子"。

当这个"别人家孩子"在父母的语言当中出现,接下来,我们所体会到的就是:

我不如别人家孩子好;

我不如别人家孩子懂事;

我不如别人家孩子听话;

我不如别人家孩子能干;

……

当我们习惯于比较的时候,看到的都是自己孩子不如别人的地方。心理学中有一个"焦点效应",你聚焦于什么,什么就会被放大。你聚焦于孩子的缺点,孩子的不足就会被放大;你聚焦于别人家孩子的优点,别人家孩子做得好的地方就会被放大……

看孩子身上的特点也一样,每个孩子都不会完美到没有一个缺点,也不会糟糕到没有一点价值和优点,关键在于,我们如何去看,戴着怎样的"有色眼镜"去看。

我曾经在课堂上,随机给每个家长发了一盆小植物,有的是铜钱草,有的是月季,还有的是仙人掌……领到植物后,我要求接下来的 21 天,大家好好照顾领到手的这盆植物。

在头脑风暴要怎么照顾好这盆植物时,家长们这样说:

"要先知道这是一个什么植物,它喜阴还是喜阳,它喜干还是喜潮。"

"我没有经验,要询问专业的园丁。"

"我家楼上有个人养过这种花,我可以直接去问她。"

……

讨论的过程中,有个妈妈突然笑了:"这跟我们养孩子其实是一样的呀,我想要铜钱草,却分到了月季花,就像养孩子,我想要个文静的,却生了个调皮的。"

另一个妈妈说:"大家的植物都不一样,就像我们的孩子,也都是独一无二的。"

是啊,照顾一盆植物时,我们首先会想到了解它的属性和生长周期,我们不会担心仙人掌长不高,就拼命给它浇水；不会觉得铜钱草太单调，就加倍施肥指望它开出玫瑰花。但养孩子的时候，我们却常常因为太爱他而忘了孩子本来的样子，希望把他变成我们期待的样子。

7岁的小男孩浩浩进入一年级后，妈妈频繁接到老师电话，反映孩子无法安静下来听课，无法安静下来完成练习。妈妈很快也不淡定了，把浩浩送到我们这里，由老师陪着浩浩一起写作业，并提出要求，最起码做到让浩浩在写作业的时候跟别的小朋友一样安静。

在观察浩浩写作业的时候，我们老师确实发现，他没办法安静下来，尤其是写生字时，他甚至会手脚并用。

有一次，在记一个生字时，浩浩说："老师，我发现了一个记生字很简单的办法。你看，这个身体的身字，就像一个人，靠着墙，站得很直，把手往前伸，把脚斜踢出来，你看，是不是就是那个'身'字呢，你看我这样一下子就把这个字给记住了。"他用他的身体动作，同步在呈现这个字。

老师说："呀，这真是一个好办法呢，你是怎样想到的呀？"浩浩有些害羞地说："我也不知道怎么想到的，就是这样想到的。"老师说："好，那我们就用你想到的这个办法，来试试看，记住这些生字，好不好？"

浩浩瞬间好像眼睛里有了光彩，说："老师，真的可以用这样的办法记生字吗?"老师很认真地点了点头,给了孩子一个非常确定的眼神,说:"当然可以,无论用什么样的办法,我们最终只要准确地把这个字写出来了,那你的方法就是有用的。"

老师看着他对着那些生字,很开心地把身体扭来扭去,摆成各种别人看不懂的动作,一会儿点头,一会儿弯腰,一会儿把脚向后踢,一会儿还跳一下……

结果是:不到五分钟时间,十个生字,他全部默写出来了。在以往,这是他半个小时也完成不了的事情。

老师觉察到,这个孩子的身体语言很丰富,借助身体的运用,他会建立一套他自己能够理解的身体语言或者姿势画面,用这种身体的、画面的信息来学习,或许是很适合这个孩子的方式。

这个特质,之前一直是孩子学习的障碍,因为具备这样特质的他,很难做到像大部分孩子一样,安静且端正地坐着写作业。而现在,还是同一个特质,却成为了孩子高效学习的法宝。

中间的区别是,陪伴孩子学习的大人是希望孩子跟大部分孩子完全一样,还是能够做到深入了解孩子的特质,并对孩子进行有针对性的引导和培养。

五、从把自己的意愿强加给孩子到尊重孩子的需求

我们很多家长都会不自觉地把内心的期待强加给孩子，表面上看是为了孩子好，其实是把孩子变成帮助自己去实现期待的工具。你是我的孩子，所以，你要按照我给你建议的方式去努力、去生活。

孩子其实很真实，他们生来就能够自然地感受自己，自然地表达自己的需求。他们不开心的时候会哭，不愿意分享的时候会很坚持，他们不会顾及场合去说话很可能让人尴尬……

在成长的过程中，孩子的真实感受常常被各种"应该"阻断，所以成年后，我们经常忘记自己内心真正想要什么，把本应自己内心界定的标准交给外界去评价，听从很多不知道什么时候形成的"应该"，内心的天平就很容易失衡。在生活中表现出来的一点就是，孩子怎么做都不满意，孩子怎么做都觉得有问题，孩子怎么做都觉得不够好，"需要纠正、需要教育"。当我们每天都被孩子的问题所包围，自然很难有一个身心愉悦轻松的状态，来面对生活和孩子。

我自己就有过类似的经历。

我小时候非常享受的一件事情，就是每天早晨起来晨

读。晨读给我的学习生涯带来了难以估量的好处,因此,当我的孩子进入一年级,我本能地觉得培养孩子阅读兴趣最好的方式就是晨读。

早晨,我提早起来,准备好早餐,留好可以晨读的时间,可是,我期待中的孩子可以很享受晨读的那种状态,迟迟没有看见。我内心很挫败,我那么喜欢的事情,怎么我的孩子做起来,显得这么索然无味呢?

有一天早晨,我的孩子很认真地和我说:"妈妈,我不想晨读,和你一起晨读,我很紧张。"

那一刻,我的心情是极其复杂的。最开始,我不敢相信,我那么喜爱的晨读,怎么会给我的孩子压力,怎么会让他紧张呢?

慢慢缓过来,我开始体会到,我是把自己的感受强加给了我的孩子。

再后来,我开始能够体会孩子为什么会觉得晨读索然无味。真正的原因,不在于晨读,而是我特别期待他也体会到我小时候晨读的那种感受。事实上,这是一份不恰当的期待。我和我的孩子,我们本质上是两个完全不一样的生命个体。

我静下心来,做了一个决定,从此,孩子的晨读我不亲自管,而是交给孩子的自然成长。

很奇妙的是，当我放下自己想要带着孩子晨读的执着时，我慢慢地看到孩子享受朗读的时刻越来越多。

因为个人经历的影响，要我们完全放下自己的意愿去尊重孩子的需求，其实并不是一件容易的事情，这需要我们意识到，我们的孩子，他并不是我们的所有物，他是跟我们完全不一样的一个生命。

就像中国诗人海桑在诗歌《给我的孩子》里写的那样："你不是我的希望，不是的，你是你的希望。"

<u>家长的实践练习：</u>

1. 试着觉察一下，当我们期待孩子成为一个什么样的人时，这个期待，是孩子对他自己的期待吗？

------

2. 如果孩子不能像我们期待的那样，我们是不是能够真心接受？

------

3. 如果孩子对自己的期待，跟我们想象中的完全不一样，我们是不是能够做到给孩子有效的支持？

第三章

吼孩子的难题这样破

在网络上，关于小学生家长情绪失控的段子，总是能引起大家深深的共鸣和热烈的讨论。为什么？因为这样的场景也经常发生在你我的家庭中，因为我们都不可避免地会吼叫孩子。

是的，我们都曾经吼叫过孩子，都曾经在吼叫之后陷入内疚和自责。我想，我们绝大多数家长都知道吼叫的有效时间可能不会超过5分钟，吼叫也无助于孩子建立良好的习惯和纠正自己的错误。我们的情绪发泄会让孩子注意力更加不集中，会让孩子大脑发育受阻，会影响亲子关系，会让孩子叛逆……

但是，我们今天要讨论的重点不是我们的吼叫到底会给孩子带去哪些负面的影响，而是：

一、找到我们吼孩子的原因，对症下药，帮助我们有效减少吼叫；

二、如果真的忍不住吼了孩子，我们应该怎么办？

第一节

5个原因让我们忍不住吼孩子

大家可以好好回忆一下,有多少次吼孩子真的是因为孩子错了?或者,孩子的错误真的需要你用吼叫来马上制止?

简·尼尔森认为,除了威胁孩子生命安全的事件,其他的事件用吼叫都是无效的。

那家长又是为何抑制不住自己的吼叫呢?我整理了几个主要的原因,希望家长在下一次吼叫之前能及时地想一想是否是自己吼叫的原因之一。

一、面对具体的问题,我也没有解决方案,所以恼羞成怒

场景一:到了该起床的时间,孩子还窝在被子里面不起床。

妈妈叫了两遍,没有反应,然后开始说:"你还起不起床?每天都要这么叫,我都快烦死了。你要是不读了就告诉我,我也省得每天这样叫你。"

场景二:孩子写作业的时候,一边玩一边吃东西,就是不好好写作业。

妈妈看到孩子又是这个样子,很生气,冲过来就把孩子手上在玩的东西抢走了,说:"还玩,今天晚上又十二点睡觉,你就开心啦?每天提醒,每天提醒,一点用都没有。看你这一边写一边玩要玩到什么时候,看你明天拿什么作业交给老师。"

场景三:孩子在看电视,过了约定的时间还没有关电视。

妈妈说:"过了时间了,怎么约定了的事情不算数呢?你老是这样,叫我以后还怎么相信你呢?"

通过三个场景,我们看到,家长的沟通方式不仅没有

解决问题,反而带来了更多的问题。为什么会这样?

原因其实很简单:妈妈一直在重复强化自己不想要的行为和结果,却没有表达清楚自己当时真正想要的是什么,也就是并没有把"正向意图"用正面清晰的语言表达出来。

什么是正向意图?简单一点讲,就是自己内心想要的结果。这里的关键是:是自己想要的,而不是不想要的。

什么是自己不想要的?"你这样下去我还怎么信任你",这是不想要的,但是我们却在语言当中反复强化它。

把它换成"妈妈希望明天你可以遵守约定,好吗?"这就变成了正向意图的一部分。

如果我们的正向意图不清晰,不仅无法赢得孩子的高效合作,无法轻松地支持孩子,还会进一步固化孩子不良的学习行为。

"不要写作业的时候歪歪扭扭的。"

"不要写作业的时候咬指甲。"

"不要把书折成那样,书都快被你折烂了。"

"不要气鼓鼓地瞪着我,你是为你自己学习,不是为我学习。"

"不要和我顶嘴,我是为了你好。"

"不要没事总是去惹弟弟哭,你是姐姐。"

……

置身在上面这些场景当中,孩子是否能够清晰地知道,他们要做的是什么?

在心理学当中,有一种现象,就是"越禁止、越强化",你越是不让孩子做某件事情,你越说,孩子反而越做,这其实是一种人的自然反应,并不是孩子有意要挑战你。

孩子的世界,其实远比我们大人想象的更简单,如果我们清晰地告诉孩子,你可以怎样做,仅仅只是简单、清晰地表达出来,孩子配合度就会非常高。

有一次,我们采访一位小朋友。

老师:今天我们看到,在写作业的时候,爸爸骂你了,你当时愣了一会儿,什么也没有说,就是那样看着爸爸,你还记得吗?

孩子:我记得。

老师:当时你在想什么呢?

孩子:我什么都没有想,我什么也想不了。

老师:现在回过头来再看,你知道当时爸爸为什么用那样的语气和你说话吗?

孩子:我不知道,我还是不知道他为什么要那么凶地对我说话。

老师：我看到，接下来你也没有接着写作业，而是沉默地坐在那里。

孩子：因为我不会写了。本来我还会一点的，被爸爸那样骂一顿之后，我更加不会写了。我觉得自己好像怎么做都做不好，我觉得都是自己不好，总是惹爸爸妈妈生气。

孩子在本来需要支持的时刻，没有得到支持，反而被一顿轰炸式的情绪攻击，孩子像是停在那里了，这时候他会更加没有学习的状态。因为此刻，摆在他面前更为重大和迫切的事情，是去解决家长爆发的情绪。

如果孩子没有做好，他的内心自然地会有不安，但当指责、辱骂齐齐袭来，他心里反而平衡了：我没有做好，你惩罚了我，那就扯平了。

到这一步，原本要沟通和解决的事情，反而变成最不重要的了。

明确了正向意图之后，我们可以练习，如何用正面语言来表达正向意图。

- 用提前告知的方式，清晰地表达期待或者规则，而不是在没有提前告知和商量的情况下，去突然阻止。
- 尽可能使用正向的语言，比如"请""邀请""可以吗""好吗"这样的词。
- 对于某些真的需要提醒的情形，我们可以尝试邀请孩子一起来商量出一个可行的、孩子愿意接受的暗号，用来提醒对方。

  比如看电视的时间到了，妈妈做一个指手表的动作，或者做一个用手关闭的动作；不多啰唆，不重复一遍一遍又一遍，安静地、平和地、耐心地、充满信任地等待孩子，孩子会知道他需要做的是什么。

- 记得保持和善而坚定的态度，这非常重要。

  和善是说我们在处理这件事情的过程当中，态度是和善尊重的；坚定是指在面对这件事情的解决方案当中，有明确的界限和底线。这两者是同时存在的。同样的一句话，语气不同，听的人感觉会很不相同。

> "开始写作业了。"这是很平常的一句话,如果我们带着情绪,那就变成了一种命令;如果我们心平气和,在孩子听来,就是一种邀请。

家长的实践练习:

1. 本节书中分享的三个场景,请你尝试着将自己代入其中,用正面的语言来表达,你会选择怎样说?

2. 回忆一下,在平时的生活中,有没有重复使用指责性的语言给孩子压力的情形?如果有,写下来,同时试着想一想,如果用正面的语言表达,重新将这个场景处理一遍,你会怎么做?

二、我的付出没有得到孩子的"回报"

很多父母,为了孩子的教育,会付出很多努力,甚至牺牲全家人的生活质量。比如全家搬进老破小的学区房,又或者放弃自己的工作全职管理孩子……

超常规的付出之后,父母理所当然地认为孩子要更努力学习，才对得起自己的付出。一旦孩子不如自己期待的那样努力，父母就会有情绪。

有一位妈妈，全职在家里带孩子之后，内心感觉非常地不安全。因为先生总强调，在家里不需要她做任何事情，只需要把孩子成绩搞好。

但每次先生想起来检查孩子的成绩单或是作业时，都不是很满意。这让妈妈越来越生活在焦虑当中。

她开始对孩子的学习成绩特别敏感，一旦孩子学习时分神，或者偶尔想偷懒，她就会冲孩子发火，并大吼："你要是考不出好的成绩，你干脆别学了！"

这位妈妈心里无形中有了一个标尺，孩子是否有一个良好的成绩呈现，似乎成了她先生是否还尊重她、心里是否还爱她的标准。

家长之间的内心戏，孩子其实都感受得到。也许孩子们不明白具体发生了什么事，但是这个家里，每个人是平等的，还是有人表现得很优越、有人内心很自卑，他们感受得到；在家庭里，是真正充满爱的，还是父母之间只是貌合神离的，他们同样也感受得到……

当一个孩子感受到，自己的成绩关系到妈妈在家庭里的地位,关系到父母的相处是否快乐,这会是多大、多沉重的负担?在这样的情况下,孩子还能够专心地去学习、轻松地去发现自己的兴趣爱好吗?

很难。

所以,很多时候,我们不是要去吼孩子,而是要去学着面对自己内心的焦虑和不安。

家长的实践练习:

如果更多地关注自己,反而会让孩子的状态变得更好,你会在生活中做一些怎样的调整?

三、认为"孩子不优秀,是父母没能力的表现"

很多家长有一种惯性思维:孩子不够优秀,是因为父母没有能力。

当孩子表现得不够好的时候,父母就会感觉难以接受,事实上,真正让我们难受的,是内心深处自己都不愿意承认的念头:"我对自己不满意"。

当父母很难平静地去面对这种让自己很不舒服的情绪时,就会通过吼孩子让自己快速从这种难受的情绪中逃离。

家长的实践练习：

1. 在养育孩子方面，你做得好的地方有哪些？试着写出5点。

---

2. 你觉得孩子有什么优点？试着写出5个。

四、我似乎很疲惫，所以情绪时常失控

小学生家长，其实是非常有代表性的值得同情的群体，他们正处于的人生阶段是：中年。

中年人有太多社会规则下的"应该"：

应该做个好妈妈。

应该做一个体贴的好妻子。

应该在工作上拥有出色的成绩。

应该在辅导孩子作业的时候心平气和。

应该给孩子们一个整洁舒适的家。

应该努力提升自己……

然而，我却想对每一个中年人说，在生活和工作的重重压力下，我们要做的，不是在"应该"的重担下让自己喘

不过气来。

因为我们唯独忘了首先"应该爱自己"。

家长的实践练习：

在你的生活中，你是否有一个或一个以上的习惯，可以帮助自己恢复精力呢？

如果有，可以写下来；

如果没有，就仔细思考一下，尝试建立一个帮助自己恢复精力的习惯。

五、吼，是我们从原生家庭习得的沟通方式

为什么我那么爱我的孩子，却常常因为孩子的不当行为，在孩子面前情绪失控，表现得可怕至极呢？

可能在我们的童年时，我们已经习惯了自己不那么努力时，在做错一点事时，就会受到家长的责骂。我们已经学会了如果孩子有些不恰当的行为，家长的回应方式就是责骂。这是我们在自己的童年经历中，习得的唯一的回应方式。

家长的实践练习:

思考一下,当孩子行为不当的时候,自己可以通过什么方式冷静下来?冷静下来后,是不是能够找到除了吼叫之外的其他方式来跟孩子沟通?

第二节
让自己快速冷静下来的两个小技巧

我们已经知道了要减少吼叫，可是在面对孩子的"问题"时，有什么方法可以帮助我们快速冷静下来呢？

首先，我们家长一定要选择用既不伤害对方也不伤害自己的方式，让自己的状态好起来。

当情绪来的时候，用一种适合自己的、相互尊重的方式，让自己的情绪释放出去，帮助自己的状态好起来。事实上，这样的方法，每个人都可以找到。

一、冷静技巧1：愤怒选择轮

在我们的家长课堂上，练习最多的一个方法，就是愤怒选择轮。

每一位家长，在平静的时候，给自己列出一个清单：当我情绪失控的时候，我可以做些什么，帮助自己状态好起来。清单1、2、3、4……列好，可以用一点略带童趣，以及可以选择的方式呈现出来，放在自己方便携带或者方便提醒自己的地方，当自己情绪失控、不记得可以做什么的时候，就可以运用这个愤怒选择轮，去看看当下我可以做些什么。

有一位妈妈，分享说她特别喜欢钱，一看到钱，甚至只要一看到红包，她的心情就会莫名其妙地变好。顺着自己的这个特点，她给自己列下来了8种方式，分别是：

1. 用尊重的方式，从现场撤离，到阳台深呼吸；

2. 用尊重的方式，从现场撤离，喝水；

3. 用尊重的方式，从现场撤离，邀请其他家庭成员帮忙，自己到楼下洗头发；

4. 用尊重的方式，从现场撤离，听音乐；

5. 用尊重的方式，从现场撤离，看自己的首饰盒，尤其是爸爸送的手镯，感受爸爸的爱；

6. 打电话给自己的闺蜜倾诉吐槽；

7. 用尊重的方式，从现场撤离，逛街；

8. 阅读，尤其是阅读家庭教育相关的书。

她把这8种方式，分别写成8张纸条，装进8个红包里面，放进抽屉。当她觉得需要时，就找到这8个红包。

这位妈妈分享说，最开始是觉得做这个愤怒选择轮好玩，但在生活实践当中，有了这样一个愤怒选择轮，自己把脾气发在孩子身上的次数明显减少，自己被情绪所困扰的时候也变得越来越少，与此同时，自己能够很快意识到自己情绪不好，调整过来的速度也越来越快。

二、冷静技巧2：家人相互支持

情绪管理可以靠自己的练习，也可以靠家人之间相互支持。一个人做不到的时候，一个人看不到自己情绪的时候，另外一个人可以在尊重彼此的前提下，提醒对方，支持对方。

有一个家庭中的两位家长是这样分工的：

爸爸的风格偏风趣文艺，妈妈的风格偏认真干练，两个人讨论下来，做了这样的分工：妈妈负责孩子的作业辅导，爸爸负责孩子的才艺培养。

但是,无论是陪着孩子写作业,还是一起练习乐器,都是家长情绪爆发的"事故多发地带"。

于是,夫妻俩做了第二个分工:当有一个人的情绪扛不住,忍不住要对孩子恶语相向的时候,另外一个人要出来解围,无论是暂时帮这个正在辅导的家长替一下手,还是及时缓和一下当时的气氛都可以。

这是我们参与湖南卫视《放学后》节目拍摄时实际接触到的一个家庭。

通过实时观察的镜头,我们看到:

当妈妈辅导孩子的作业,脾气马上要爆发的时候,爸爸会及时地给妈妈和女儿端两杯水进去,或者切一盘水果进去。一个一触即发的战场,有了另外一个轻松的、顽皮的元素加入进来,战场瞬间就不见了,很多时候母女俩会相视一笑,一边吃水果,一边又继续开始后面的学习。

当爸爸陪着孩子弹钢琴,弹了几遍还是没有弹准的时候,爸爸打节拍的那个节拍棒,明显听得出来,声音重了很多,那已经不是在单纯敲节拍,而是发泄和警告:你要是还不给我弹好,小心我像敲这个节拍一样敲你。这个时候,妈妈就会适时地出现,给爸爸揉一揉肩膀,为他们的认真练习及时点赞，本来孩子已经委屈得眼泪在眼眶里打转，立马破涕为笑。

看上去这只是一种夫妻之间的配合，化解了当时的紧张和可能的冲突，但在孩子眼里，却有了不一样的解读和价值。

单独采访这个孩子的时候，我们问她："写作业的时候，当妈妈对你发脾气时，你感觉怎么样？"

孩子说："如果爸爸在家，我就不紧张，我知道他会来救我；如果爸爸不在家，我就会小心翼翼很多。但是我知道，他们不会真的伤害我，他们在想办法一起控制他们自己的情绪。每次爸爸、妈妈加进来看上去是捣乱的行为，我都知道，他们是在'保护'我。"

这也解释了，为什么同样是"狮吼"辅导作业的情形，有的家庭里，孩子会越来越没有自信；而有的孩子，内心却不太受影响。那是因为，后者能够感受到父母虽然发了脾气，但是没有把责任推给自己，而是在想办法自己面对，想办法"保护"自己。

第三节

如果忍不住吼了孩子怎么办

几乎所有的父母都会吼孩子,其实偶尔出现一些伤害孩子的言行不可怕。首先,用对方法,是可以修复的;其次,情绪总体稳定的基础上偶尔的失控仍然是在可控范围内。

我们首先来谈谈如何修复。

如果出言伤害了孩子,甚至动手打了孩子,首先要做的事情,是先把这种不当的行为停下来。然后,我们需要对之前的行为做出必要的承担,如果确定有自己做得不合适的地方,大方坦诚地向孩子说出来。

一、步骤一：意识——意识到自己的责任和错误之处

人和人相处，但凡发生了冲突，从来不会只是一方的责任，一定是双方都有责任。

如果一个孩子呈现出不礼貌、不友好，甚至具有攻击性，很有可能，孩子本身就生活在一个父母对他不尊重、具有攻击性的环境中；

如果一个孩子比较胆怯，没有自信，不敢表达出自己的声音，更不敢反抗，很有可能，他的父母从来都不鼓励他发出自己的声音，不鼓励他去实现自己的想法；

如果一个孩子不敢挑战，非常害怕失败，抗挫折能力很弱，很有可能，他的父母对他要求非常高，在以往犯错或者失败的时候，孩子需要承担很严重的后果……

当一个家庭出现问题，就会以孩子的行为出现偏差来呈现，所以，我们对孩子不满意的时候，必须先觉察一下：

- 孩子的行为真的有问题吗？还是这就是孩子成长中正常的表现？
- 如果我认为孩子的行为真的有问题，那作为家长，我的哪些语言和行为是与此有关的？

二、步骤二：承担——有愿意承担的状态

将意识转化成行动的推力，还需要我们去承认自己需要承担的部分，并且愿意为此做些具体的改变，这就是承担。

为什么有的孩子喜欢推卸责任，从来都不愿意认错？其实，孩子的行为很多时候是家长行为的一面镜子，如果我们自己不愿意承担，喜欢推卸责任，凡事总认为是别人的错，那孩子也学会了：我可以不用承担。

如果我们自己愿意承担，愿意用实际的行动去弥补自己的行为所带来的过失，那孩子也会学到：嗯，错误真的是学习的好机会，原来承担、认错也不是多么可怕的事情。

三、步骤三：和解——用实际的行动来和解

当前面两个步骤都已经完成之后，道歉与和好就水到渠成了。

"对不起。"

不知道大家是否有过这样的体验：当两个人剑拔弩张谁也不让谁，如果其中有一个人先说出这三个字，另一方的态度瞬间就会和缓下来。

当然，和解的方式有很多种：

"对不起,刚才我用这种指责的方式对你,是很不尊重的。"

"很抱歉,妈妈刚才的情绪有些失控,可能吓到你了,真是对不起。"

"对不起,这件事情我还没有问清楚,就先认定是你的错。"

如果用行为来和解的话,可以去拍拍孩子的肩膀、拥抱孩子。

把自己的责任明确表达出来,不仅是为了和解,同时也为了明确责任,避免一道歉就让对方觉得全部责任都在道歉的这一方。

需要特别强调的是,我们在矫正自己行为的过程中比较容易犯的一个错误,就是道歉内容不明确,看到以前自己对待孩子的养育方式不合适,本身已经有一些内疚的情绪了,再遇到和孩子冲突就马上道歉,结果过度补偿,孩子一下子就跳到了天平的另外一端,变得非常不尊重父母。

在"对不起"后面明确地加上之所以说"对不起"的具体原因,也是在无形之中帮助孩子意识到他需要承担的责任是什么,而不是把整件事情的责任都担在自己的肩膀上。

如果前面两个步骤没有完成,我们只是为了急于解决问题，急匆匆地道个歉，很有可能会显得不走心、不真诚，导致道了歉也没有太多用，这种情形就需要我们用行动来弥补。

四、步骤四：解决问题

冲突其实是解决问题的一部分。冲突本身的存在，就是提升彼此解决问题的层次和能力的阶梯。

我们比较容易陷入两个误区：

第一，是逃避冲突，觉得冲突就是一个麻烦；

第二，是当冲突平静下来之后，忘记回到解决问题本身。

尤其是童年有过类似委屈、受伤经历的家长，由于过往的情绪并没有得到恰当的释放和疗愈，就会容易被孩子的情绪所控制。孩子一哭，家长立刻就不行了，什么原则都忘记了，只要孩子不哭就好，只要孩子开心就好。孩子开心了，情绪平静了，家长就忘记了整件事情需要有始有终地完成。

这样做的结果，一是没有教会孩子从一件事情当中完整地处理问题的技能；二是问题没有解决，类似的情况还会反复发生。

因为工作的原因，叶叶从出生就没待在爸妈身边，姨妈带到2岁，爸妈才把她接到身边。

因为觉得在前面两年，自己没有尽到一位妈妈的责任，也担心亲子分离会带给孩子不好的心理影响。所以,叶叶回家后,妈妈总是无条件满足叶叶的各种要求,不管合理不合理。

慢慢地,叶叶对于自己得不到的东西习惯了用哭来得到;对于自己不想做的事情,她知道了可以用哭来逃避……

在家里,人人都让着她,但是到了学校,到了外面的社交场合,叶叶得不到这种万事以她为中心的照顾,经常发脾气。班上一个小组共用一本参考书,因为没让她先抄写作业,叶叶甚至会动手打别的同学。打完不但不反省自己,还觉得自己特别委屈,质问同学们凭什么不让她第一个抄写。

虽然才小学二年级,可是孩子的脾气已经骄横到妈妈已经完全没办法管教了,不得已的妈妈来到我们的家长课堂寻求帮助。

学习到"从错误中恢复关系的四个步骤"时,妈妈恍然大悟,原来她只是做到道歉与和好,并没有回到面对和解决问题上来。

明白这一点之后,妈妈的做法就和以前略有不同了。

晚上,叶叶因为不愿意写作业,又开始哭闹。妈妈用了很多办法哄她,承诺给她奖励,答应部分作业妈妈帮助完成,都不行,最后妈妈狠狠发了一顿脾气。

第二天趁着吃甜点的时间,叶叶情绪好,妈妈开始跟叶叶沟通头天晚上发生的事情。

第一步：意识。妈妈自己先意识到在事情的处理过程当中，自己做得不妥当的地方在哪里，就是当孩子写作业状态不好的时候，没有耐心地陪伴，而是用了吼的方式。

第二步：承担。当妈妈意识到自己做得不妥当的地方之后，内心愿意真正的承担，愿意去和孩子讨论面对这件事情。

第三步：道歉与和解。妈妈跟孩子说："叶叶，昨天因为写作业的事情，妈妈吼了你，这个行为很不好，妈妈给你道歉。"道歉的过程，有时候只需要一句话，有时候却需要一段时间。妈妈耐心地听孩子说出心里的委屈，当孩子把委屈说完之后，很神奇的是，孩子也会自然地承认自己有需要改正的地方。叶叶说："妈妈，我做作业也没有认真，我就想逃过作业这一关，不想写。我这样也不对。"

第四步：在关系修复与联结之后，关注于解决问题。妈妈和叶叶都相互道了歉之后，妈妈就自然而然地说："嗯，妈妈感觉到了，我们两个都有需要改进的地方，要不，我们一起想一想，我们各自可以改进的地方有哪些？"接下来，她们一起头脑风暴，各自想出来一个办法：

1. 妈妈感觉自己脾气快忍不住的时候，就和孩子说，我出去喝口水，一方面用这个动作告诉孩子妈妈现在的状态不好，另一方面妈妈也及时离开现场，避免把脾气发在女儿身上；

2.当女儿写作业觉得为难的时候，清晰地告诉妈妈，是这道题不会做，需要妈妈教一下，还是现在有些累，需要休息一下。

在整个过程中，最开始叶叶还有一点侥幸心理，不那么愿意配合，不愿意面对写作业这件事情，但当妈妈既不发脾气也不投降，始终平静而坚定地坚持时，叶叶终于也知道了：自己应该做的事情，需要自己来承担。

也许有家长会疑惑，有时候真的没有时间和孩子讲那么多，孩子听不懂不说，自己也没有那个时间和闲心啊。

我们不妨看一看，为什么在解决问题之前，改变之前，需要先和孩子从错误中恢复关系呢？在正面管教体系中，有两个重要理论：

其一：改变之前需要先建立联结；

其二：孩子只有在感觉好的时候，行为才会更好。这里的感觉好，不是指一种简单的开心，而是感受到自己有价值感和被爱的归属感。

以上"从错误中恢复关系的四个步骤"，前面三个步骤的本质，都是关注于如何用心地和孩子建立联结，不同的家长，不同的孩子，大家可以有各自多种多样的、独属于彼此的联结方式，它们不一定需要花很多时间和心思，也可以达到联结的效果。

以下是在我的家长课堂当中，大家头脑风暴出来的一些自己和孩子之间的联结方式：

- 拥抱（不仅是在彼此开心和轻松的时候拥抱，更需要在孩子感受到无助、委屈、感觉自己做错了事情、对自己是否被爱不确定等的时候，拥抱孩子）。
- 适当的身体接触（比如拉一下手，把手搭在孩子的肩膀上，和孩子座位靠近，击掌，拉钩）。
- 倾听孩子说话，关注孩子说话的内容，不打断，不插话，用简短的回应让孩子感受到我们在听，同时不会影响孩子本来的表达。
- 用心地看着孩子（当对孩子的某个行为不满意，忍不住想要发脾气的时候，试着看看孩子的眼神，会发现自己会变得柔软一些。当孩子和你说话的时候，看着他，看着他的眼睛，而不是一边看着手机，还一边和孩子说"我在听、我在听"）。

- 表达对孩子的理解（当孩子表达出某种感受时，自然地去和孩子同频，自然地告诉孩子：我理解这种感觉）。
- 表达对孩子无条件的爱（当孩子因为做了错事内心不安，害怕惩罚和付出代价的时候，我们可以向孩子表达：无论你是怎样的状态，我都爱你。可能我们需要一起讨论这件事情接下来要怎么办，但这和我爱你这件事情没有关系。放心，无论发生什么事情，我都爱你，我都支持你）。

家长的实践练习：

1. 回想你和孩子之间，自然有效的联结方式是怎样的？

---

2. 在目前孩子给自己带来挑战的事情当中，我可以如何运用"改变之前先建立联结""从错误中恢复关系的四个步骤"这些新的方法呢？

第二部分
―― Part 2 ――

让孩子"有兴趣学、有信心学、能主动学"

第四章

我为什么要学习?

第一节
为什么感觉孩子对自己没要求

一、孩子对全新的学习生活模式一无所知,茫然是正常的

试想一下,如果我们没有经过任何的准备或提示,就进入一个新的环境,开始适应一种新的学习或生活节奏,我们可能会有怎样的体验?

如果我们是一个幼儿园刚刚毕业的孩子,只是过了一个暑假,我们就换了一套校服,背上了书包,走进与幼儿园环境完全不一样的小学,我们是否明白,我们接下来的生活将发生哪些变化?

为什么要从幼儿园进入小学呢？

我们进入小学，每天都要干什么？我们要学什么？

跟我一起进入小学的是什么样的人？他们会跟我一起玩吗？

小学的学习生活是我能胜任的吗？遇到困难谁可以帮我？

……

这些疑惑，或许有的孩子会慢慢找到答案，或许有的孩子只是经过几周、几个月的短暂焦虑，但很有可能在一部分孩子那里，有些问题会困扰他们相当长时间。

而且会出现一种情况：还没有找到这些问题的答案，新的一学期又开始了，老师换了，学科不一样了，老师和家长的要求又不一样了……

疑惑、焦虑与无助，就这样交织着、日积月累着，让孩子更加看不清自己正在走的路。

霖霖七岁，刚进入一年级。

回到家，妈妈让他写作业。霖霖看了一眼正在旁边玩积木的弟弟（4岁），说："为什么你不叫弟弟写作业，为什么你只叫我写作业？"

妈妈一听就生气了，觉得这个孩子是和自己对着干，是想偷懒。妈妈说："弟弟多大，你多大？弟弟才4岁，你上小学了。"

霖霖："为什么上小学了就要写作业？"

妈妈说："哪里来的这么多问题，你写不写？哪个学生上学不写作业？"

霖霖皱着眉头，拖着书包，不情不愿地走进书房。

霖霖进小学之前，没有任何人和他认真地讨论，小学生活和幼儿园有什么不同，有哪些事情是必须要做的，有哪些事情是她可以选择性地去做的，做这些事情是因为哪个原因。

如果缺乏这样的讨论，孩子就会在一种茫然无措的状态下，开启新的学习阶段。如果思想上没有准备，多数孩子会在新阶段中产生不适应甚至抵触的情绪，只是有些孩子适应能力强，慢慢就自己适应了新的环境和任务，而有些孩子会一直带着这个阶段的"心结"走下去。

在孩子进入新的学习阶段前，我们要不要做一些引导呢？当然要！

首先，我们要有为孩子回答疑问的意识，当生活和习惯发生了变化,我们要站在孩子的角度,给孩子讲解清楚。

家庭案例1

幼儿园时期的小雨每天晚上都是10点半左右才睡,到一年级后,9点钟妈妈就提醒他上床睡觉。小雨说:"我睡不着。"妈妈说:"你睡不着也得给我躺着,你是小学生了,时间上面要更抓紧。"

"你是小学生了,时间上面要更抓紧",这个解释孩子还是理解不了。

妈妈可以这样说:

"以前你上幼儿园,八点半之前到学校就可以了,我们晚上十点半睡觉,早晨七点半起床,也是来得及的。现在小学上学时间是八点,我们路上要花的时间比原来要多二十分钟,所以我们要早一个小时睡觉,好吗?"

家庭案例2

晚上的阅读时间开始了,莉莉还是像往常那样,拿着三本绘本过来找妈妈给她读。妈妈说:"我们现在是小学生了,不读绘本了,要读这种文字书。来,你看,妈妈给你买了这个,你要学着自己看文字书了,你长大了。"莉莉说:"不嘛，我要妈妈给我读。"

我们可能都对刚念小学的孩子说过这句话——"你长大了，你是小学生了"，但对孩子来说，这并不是一个有效的回答。

莉莉的妈妈可以尝试这样说：

"是的，以前呢，我们晚上的阅读，是妈妈给你讲绘本。接下来呢，我们需要慢慢地过渡，过渡到读文字书，因为我们随着年龄的增长，认的字越来越多，我们就可以看更多的书，不光是图画书，还有文字书。这个学期，我们尝试着晚上读一本绘本，再一起看20分钟的文字书，我们试试看，好不好？"

当孩子换了一个新的环境，转变了新的角色，父母通过沟通，让孩子对"上小学"这件事情有清晰的意识，是非常重要的事情。孩子真正理解了，他才会更愿意跟父母合作。

云朵就要上小学了，爸爸妈妈参加了第一次家长会，回来之后，一家人组织了家庭会议。

家庭会议主题：讨论幼儿园和小学有哪些相同和不同。

一家人一起头脑风暴，大家讨论出来的相同点有：

1. 都有老师；

2. 都有上课和下课；

3. 都需要在校内（或园内）吃饭。

不同的点有：

1. 幼儿园计迟到的时间是 8:30，小学计迟到的时间是 7:50。

2. 幼儿园的作业是手工作业，一周一次；小学的作业是阅读、体育运动等，每个学习日都需要打卡。

3. 幼儿园一个班只有 20 个孩子，有 2 位老师，还有 1 位保育妈妈，喝水上洗手间有人提醒；小学每科有 1 位老师，有 1 位负责的班主任，喝水上洗手间的事情要自己在下课的时间形成习惯，提醒自己。

大家把这张讨论的纸打印出来，贴在冰箱上，在之后想到哪些相同和不同的地方，还可以继续添加。

在实际讨论的过程中，每一个家庭讨论出来的点都可能会不完全相同，这个不是最重要的，关键点在于孩子有了自己的参与和思考，会以当事人的角色和身份来看待和思考这件事情。

意识的培养和建立，就像是一列火车的引擎一样，虽然只是放在最前面的一节车厢，但却是整趟列车的动力系统。有了意识，后面的动作就是自动自发的；没有意识，只是强推，孩子会感觉到总是被要求被命令，大人也会嫌孩子不够积极主动，没有自己的想法。

二、习惯了等家长安排学习任务

在过去的九年中，我深度接触过上千个小学生家庭，发现有相当多的孩子，学习时已经习惯了等着家长给安排好每一步的学习任务，如果家长不布置学习任务就不知道该做什么，孩子就会呈现出无所事事的状态。

这种情况一般是父母代办过多、控制过严，把本该是孩子自己的事情抢了过来，还觉得是孩子不努力、不争气。

在孩子的事情上，我们需要区分，什么是负责任，什么是包办过多。

举两个例子：

第一个例子：孩子还没有意识到每天晚上都要整理好第二天上学用的东西，我们直接动手帮助孩子整理，是包办过多。如果孩子跟我们说，书包里的文具怎么也整理不好，需要爸爸妈妈帮助，我们及时抽出时间来教会孩子怎么整理，这是负责任。

第二个例子:孩子做错了题,我们看到后立刻指出来并指责孩子,不管孩子当时在做什么,是在解其他的题,还是在休息的状态,这是包办过多。如果孩子写完作业后请我们帮忙检查,我们及时配合,并提醒孩子有做错的题,这是负责任。

两者的区别在哪里呢?

如果我们把孩子需要完成的事情全部都揽在自己身上,觉得我不提醒孩子、我不催促孩子,孩子对这件事情就不上心,就不会去做。这种做法看上去是我们在为孩子负责,其实这个动作的背后,是在表达我们对孩子能力和自觉性的不信任。这样的包办越多,孩子会越觉得自己没有办法,越觉得这件事情和自己没有太多关系。

负责任,是我们相信,每个人无论年龄大小,本质上都是为自己负责的,只是大家都需要一点时间来准备、来消化。有的孩子很快就意识到了,有的孩子需要犯几次错误才意识到,这都是学习的过程。在这个过程中,孩子慢慢地知道了,这件事情需要做,那件事情需要做;自己能做的是哪些,自己不能做需要爸爸妈妈帮忙的是哪些。

当孩子提出自己需要帮助的需求时,我们及时跟上,这是支持。

当孩子没有提出需要帮助,我们却在包办催促提醒,于孩子内心而言,实质是一次次的否定,甚至是羞辱。

约翰·霍特在《孩子是如何学习》一书中说:

"极少有成年人,也极少有孩子,在自己被否定、被指责的情况,能以积极乐观的精神接受纠正,对于我们大多数人来说,那是对我们不稳固的自尊的沉重而痛苦的打击。

关于孩子们意识到错误、发现错误和纠正错误的能力,我们必须记住的是,那需要时间才能起作用,在压力和焦虑之下,那根本不起作用。

孩子真正不满的是我没有经她的要求而主动教她。当她学习时,我们应让她自己选择、在她自己的时间里、用她自己的方式。这种独立学习的精神是一个学习者最珍贵的财富之一,我们必须学会尊重和保护这种精神。"

对我们来说,如何把握"代办过多"与"负责任"之间的度,其实是很难的:一方面,我们在给孩子安排的时候,自己并不知道是在代办;另一方面,在孩子的不同学习阶段,我们参与的"度"也是在不断变化的。

我们想象这样一个画面:

一个孩子现在要登台演出,那个演出台上只能站得下一个人，如果我们自己首先站到了这个台子上，冲着台下的孩子说："快上来呀，这是你要做的事情。"这个时候，我们以为自己是在对孩子负责任，但是我们可能没有意识到，自己把孩子的位置占了，孩子已经没有地方可站了。

内心比较有力量的孩子会直接唱反调，对着干；有些孩子内心会胆怯一些，就会用消极对抗、拖拉磨蹭的方式来应对。

面对这种情形，我们要觉察并调整自己代办过多、控制过严的言行。这是我们需要反复练习的能力。

当我们着急上火、忍不住安排指责孩子的时候，试着让自己停顿两秒，问自己，这件事情，是谁的事情？如果不是我的事情，那我除了着急上火和撒手不管之外，能够有效推进这件事情的第三选择，是什么？

在身份上，要从一个"监督者"，转换为一个"支持者"的角色。

如果我们只是盯着孩子有没有做完作业这个结果，所有着力的方式都只是为了看到孩子完成作业，那么在这个过程中，我们会忽视掉很多东西：孩子有没有做好准备？孩子自己的想法和安排是怎样的？孩子在这个过程中，哪些部分是能胜任的，哪些部分是需要支持的？

如果我们转换为孩子的"支持者",会自然地关注到结果之外的很多重要信息,这时,我们关注的是孩子本人,我们是在对孩子本身感兴趣。

当我们对孩子而言是一个支持者时,当孩子回到家,我们可能会这样做:

先给孩子一个会心的笑脸,一个欢迎的拥抱,再自然而真诚地和孩子开始聊天,给孩子准备一些水果或零食,通过这一小段时间的交流,帮助孩子有一个释放和缓冲。等孩子缓过来,休息好了,会自然地想到自己的作业需要完成,而这个时候完成的状态也会专注很多。

我们对自己的身份定位,对自己的界限定位,关系到与孩子相关的方方面面,小到每天的作业,大到择校、择班。如果我们界限不清楚,没有尊重孩子,没有分清楚事情真正的归属者是谁,就很容易做出错误的决定。

第二节

除了满足生存需要，孩子还在为什么而学习？

不少小学低年级的孩子，喜欢问爸爸妈妈："我为什么要上学呀？"

有些孩子读书读累了的时候，会发脾气说："为什么每天都要读书呀？"

还有些孩子会有牢骚："学校的学习太没意思了！"

还有一些孩子，他们表面上不会提这些问题，不代表他们内心就没有疑问或是抗议。他们或是沉默，或是假装听不见，或是拖延，都只是在表达"我不想做这件事情""我不明白为什么要做这件事情"。

无论孩子是因为好奇，还是有情绪，以上这些语言或表现都说明了一点：孩子其实并不太理解自己为什么要学习。

因为现实生活中就是需要依附于父母,所以,孩子们没有太多和我们谈判、争取的机会。他们唯一可以做的,就是假装没有听见我们在说什么,并把完成这件事情的时间拉长一些,无声地表达自己内心的抗议和不满。

这时候,我们应该做什么?请大家试一试下面这三步。

第一步,即时肯定孩子。

能够提出来类似问题的孩子真的非常棒,这样的孩子往往内在逻辑性比较强,有求知欲,有好奇心。他们想要知道做一件事情背后真正的原因是什么。这份好奇心,这份想要探究事物原因的兴趣,是值得好好保护的。如果我们没有理解和尊重,我们就只会责怪孩子"添乱""话痨",尤其是在我们自己也不知道答案的时候。

第二步,欣喜地认识到:宝贵的"教育"时刻来了。

什么是教一个人的宝贵时刻?就是当这个人提问的时候。

当孩子提问"我为什么要学习呀?"我们可能会觉得孩子是在找借口,不想学习。但事实上,很可能是这个孩子真的在思考,他需要一个答案,一个让他安心信服的答案。

当我们有这样一个意识,我们会想:太好了,孩子对这个话题感兴趣,正好我们可以好好来交流一下。如果我们自身做好了准备,这就是一个对孩子有着积极影响的时机了。

第三步，聊什么？怎么聊？

当我们准备跟孩子聊聊为什么要学习时，会发现，聊什么是一个非常大的问题。我们那个年代走过来的大部分家长，学习就是要努力改变生存条件，对我们而言，资源与机会是匮乏的，如果得到机会、有好的条件，一定要珍惜，因此我们往往不明白，为什么现在的孩子条件好了反而不努力了。

因为我们生活的时代不一样了，很多孩子不需要做什么努力，生活就已经很好了，他会想，那我为什么要努力呢？

用改变生存条件、改变物质条件来作为学习的激励条件，对大部分孩子已经不再适用，那怎么办？那就去寻找新的方式。新的方式在哪里？如何找到适合我们的新的方式？如何让这些找到的新的东西能够对自己有用？这些，都需要我们意识到，并且去行动。

一、学习到底能满足我们的什么需求？

一个人为什么要学习？

学习，在一个人的生命中，体现着怎样的价值？

我们来看著名的马斯洛需求层次理论。

著名社会心理学家马斯洛，提出了需求层次理论：从层次结构的底部向上，人的需求分别为：生理需求（食物、

马斯洛需求层次理论

衣服、睡眠等）、安全需求（物质和工作保障）、社交需求（友谊与人际关系）、尊重需求（被人尊重与认可）、自我实现需求（自我价值的实现）。

当一个人低层次的需求被满足或部分满足之后，会自然地向高层次需求发展，但并不意味着只有低层次需求满足了，高层次需求才能满足。相反，如果高层次需求满足了，低层次需求会减缓或变少。

这和一个人的学习有什么关系呢？

1. 学习能够满足我们生存的需求

我们经常会对孩子说："你现在不好好读书，将来你就找不到好工作，就挣不到钱。"这句话虽然没有孩子爱听，但其背后想要表达的规律还是没错的。但我不建议这样去跟孩子表达。

我们可以给孩子读一些文章，看一些视频，了解一下认真学习的孩子和对学习敷衍的孩子，在10年后、20年后呈现出来的不一样的人生。然后告诉孩子，这完全不一样的两种人生，跟孩子是否有效学习紧密挂钩。

2. 学习能够满足我们安全的需求

当感受到周围的环境友好时，我们会感觉到关系的安全。

当对未来的计划是清晰和确定的，我们会有对于自身未来的安全。

当一个人内在真正拥有安全感的时候，有两个重要的标志：一是不害怕任何关系上的失去，但是非常珍惜身边的每一个重要他人；二是不惧怕未来的任何挑战，深信自己有能力面对，同时也在当下付出不亚于任何人的努力。

"安全感不是别人给的，而是自己内在的"，表达的就是这一点。

时代在不断地发展，对一个人知识和能力的要求迅速迭代，通过自己的学习和行动，跟得上的人就是笃定踏实的；跟不上的人，就开始焦虑，害怕自己被时代淘汰。

我们可以做的，是培养孩子终身学习的能力，其中很重要的一点就是我们自己能够学习和行动,与时俱进。当自己的步伐和外界发展同步时,孩子也会以我们为榜样,那种协调友好的节奏就是内在的安全感。

3. 学习能够满足我们社会交往的需求

在社会交往当中,交流的话题非常重要。

这里所说的交流,不是表面上的寒暄客套,而是彼此表达出来的观点有碰撞,有对彼此的影响。问题是,我们表达出来的观点,是从何而来?

有人说,沟通技巧很重要。是的,学会尊重彼此的表达,会让彼此有更多的了解,结交到更多志同道合、相互学习的朋友。

但仅有沟通技巧也还不够,每个人表达出来的观点和态度背后,是自身过往的积累:我们读过多少书,看过多少电影,走过多少城市,经历过多少过往……这些是人和人表达品质不同的根本原因。

一个人学习和经历的沉淀越深,就越能包容不同的人,内在容人容事的空间就会越大,与人相处也会越舒服自在;但假若一个人不愿意学习,不重积累,本质上和"坐井观天"的那只青蛙没有区别。

4. 学习能让我们被人尊重

有这样一则小故事：

有一个人，在一个宴席上受到了热情的招待，之后和朋友聊天的时候，露出一种非常洋洋自得的表情，说："你看我多优秀，所以别人才会这样款待我。"

朋友听到了，淡淡地说了一句："当我们被他人款待的时候，我们以为那个了不起的人是我们；其实，真正了不起的，是那个款待你的人。"

我们为何会受人尊重？明礼，诚信，有责任，有担当……我们实实在在地学习如何待人以礼，如何以诚待人，如何信守承诺，如何勇敢地承担和行动。当我们这样去做的时候，我们的行为举止本身会传递出对他人、对环境的尊重，这个尊重本身会为我们自己赢得更多的尊重。

5. 学习能让我们为社会、人类的进步做出贡献，让我们有能力去帮助别人

《超越自卑》里说道，一个人超越自卑的最恰当方式，就是对这个社会有贡献，当社会价值感上升，会直接提升一个人的社会归属感：我对这个社会是有用的，有价值的，我很重要。

疫情期间，钟南山院士奔赴在疫情一线，诚然，他的勇气、他的担当都广受认可，但还有一个至关重要的部分：他的医学造诣，他的专业水平。只有当他的专业造诣足够高时，才能确保一个人向外贡献时，所做的动作是有效的、正确的。

袁隆平爷爷去世时，人们从不同的城市纷至沓来，送别这位伟大的科学家，也是因为其在专业上的极高成就，在自身的工作领域做出的卓越贡献。

二、从关注孩子"不着边际"的梦想开始，激发学习主动性

有家长说，如果孩子从小就立志要成为一个很有成就、很有社会价值的人，当然是非常棒的事情。但我发现，我的孩子非常普通，他根本就没有那么高远的志向。

真的是这样吗？不是的。

几乎所有的孩子，对于自己未来要成为一个什么样的人，都或多或少有过天马行空的畅想：

我长大了要当一名科学家；

我长大了要当一位老师；

我长大了要当一个很厉害的人（然而可能连什么叫厉害都还不清楚）

……

对于孩子们的这些话，我们除了当时的微微一笑，还应该做些什么？

我的意见是：对于孩子们的这些话，我们不能太当真，也不能不重视。

不能太当真，指的是不要把孩子的这个想法当成一个板上钉钉的目标，当孩子偶尔懈怠或者完不成计划时，就把这一条抬出来：看你这个样子，你还想当一名科学家呢，研究怎么偷懒还差不多。

不能不重视，指的是要从孩子这个看似天马行空的想法背后，看到孩子内心深处对未来生活的期待。

八岁的小力，最近有点苦恼。

每天一放学，他就会跟来接他的爸爸说："爸爸，我长大了要当一名公交车司机。"

爸爸一听就很生气，说："你有点出息好不好？公交车司机一个月工资多少钱你知道吗？多苦多累你知道吗？"

小力一听，就耷拉着头，不说话了。

但过两天，小力似乎又忘记了当初的不愉快，又继续说：

"爸爸,我长大了,要当一名公交车司机。"

小力爸爸的应对方式,既有对孩子"太过于当真"的不恰当对待,认为孩子讲的就一定是事实;同时也忘记了去听孩子内心为什么想要当一名公交车司机的想法。在上过一阵家长课后,小力爸爸尝试了另一种不同的反应。

小力:爸爸,我长大了,要当一名公交车司机。

爸爸:嗯,爸爸听你讲了一段时间了,爸爸感受得到,这件事情真的对你很重要。

小力:是的。我觉得公交车司机好神气的。

爸爸:噢?

小力:爸爸你看,你也是开一台车,公交车司机叔叔也是开一台车,你的这台车,加上你,最多坐5个人,叔叔他一台车,可以载50个人还不止呢。

爸爸:爸爸懂了,你是在想,做同一件事情,可以怎么做得更有效果,能够帮助到更多的人。

小力:是的,路上经常堵车,我在想,就是这种一台车里面只有一两个人的车太多了,如果每台车上都是很多人,路上就不用开这么多的车,路上就不会那么堵。

爸爸愣住了,他没有想过,在小力那个小小的脑袋里,竟然想着这么多的事情,想到一个人的劳动成果,想到整个城市的交通。爸爸忽然有了想法，跟小力说："儿子，这个周末，爸爸带你去科技展览馆，好不好？你说的公交车也好，爸爸开的私家车也好，都属于交通工具，其实，还有好多好多别的交通工具，周末爸爸带你去好好看看，好不好？"

小力：爸爸，太好了，我太爱你了。

这件事情的后续，是爸爸和小力一起，开启了一个更丰富的世界，通过看电影、看展览、看书、看纪录片，还有各种实地观察，小力对于交通工具的了解，逐渐变得宽广而具体。他的梦想，也从要当一名公交车司机，变成了要成为一个对改善城市交通有贡献的人。

7岁的萌萌非常喜欢看绘本上的各种好看的裙子。

爸爸觉得，已经读小学了，该读文字书了，只要一看到萌萌又在看绘本，还是反复地看漂亮的裙子，爸爸就容易生气，就要去提醒萌萌，甚至把孩子正在看的绘本拿走。

妈妈和爸爸讨论了一下，想要尝试着去了解，萌萌为什么这么喜欢看绘本上的裙子，以及在这件事情的背后，萌萌自己有哪些兴趣？

妈妈：萌萌，妈妈可以和你一起看绘本吗？

萌萌：好呀。

妈妈：你喜欢这条裙子，是吗？

萌萌：是的。

妈妈：那你也想要有这样的裙子吗？

萌萌：我想，但是我不敢。

妈妈：是吗？可以告诉妈妈，你不敢的事情是什么吗？

萌萌：我不敢穿着这样的裙子上台，这是上台的演出服。

听到这里，妈妈的眼泪都快要出来了，原来孩子在爱不释手地看这些裙子的背后，是一颗想要上台展示但又有些胆怯的脆弱的心。

妈妈说：我非常理解这种感觉，想要上台，让大家看到光彩自信的自己，但是又害怕自己出错，是吗？

萌萌：是的。

通过这一段，我们会感受到，在孩子某个执着的语言或行为背后，一定有对他们来说很重要的事情。

如何从孩子的梦想着手，激发孩子的学习动力呢？

首先，我们可以拓宽自己的资源库。

从孩子的兴趣出发，可以延展到哪些资源，来帮助孩子对自己的兴趣了解得更为全面。特别推荐的是：这个领域相关榜样的传记、身边的榜样、展览、纪录片等，还可以从网上找到有相同兴趣的圈子带孩子一起去交流。

其次，记得用自己的语言和行动给孩子赋能。

"这件事情对你来说，一定很重要，妈妈能够感受得到。"

"可不可以和爸爸妈妈说一说，你为什么特别喜欢……呀？"

"这是非常有价值的想法。"

"这是非常有勇气的想法。"

"你还愿意说得更多一些吗？我们很想听，我们觉得很有意思。"

"在这件事情上，爸爸妈妈可以为你做些什么呢？"

"你需要爸爸妈妈怎样的支持呢？"

"我们很愿意为你做这些事情。"

"宝贝，感谢你，因为你的这份兴趣也给我们打开了一个全新的世界，如果不是你，我们也没有机会来了解体会这些。"

类似这些启发式、鼓励性的语言，都可以为孩子的梦想赋能，帮助他们感受到自己的梦想是美好的、是可能实现的、是被支持的。

当我们支持孩子的某一项兴趣时，需要拿出时间和精力来，陪着孩子一起找资料、找资源，陪着孩子一起练习。在孩子需要的时候，我们实实在在地陪着他一起，这份无声的陪伴也是实实在在的行动赋能。

每个生命来到这个世界上,都独特而珍贵,不要让平常的琐碎,掩盖了孩子本来的光芒。

三、让孩子找到学习的意义,需要花多长时间?

在普迪的小学生家长课堂上,有一个讨论:你觉得用多长时间,用什么样的方式,你可以和孩子讲明白"为什么要学习"这个话题。

很多家长在一开始信心满满地说:一天,三天,顶多不超过一个星期。但讨论完之后,大家会认真地说:如果用半年的时间,可以帮助孩子真正发自内心地理解到"我为什么要学习",我就已经很了不起了。

要不要花时间帮助孩子明白"我为什么要学习""学习这件事情到底和我之间有什么关系",这取决于我们自己的选择。不同的选择,就会有不同的结果呈现出来。

我们帮孩子包办代劳,完成一件事情只需要两分钟;但如果我们需要陪伴孩子练习,直到他自己也具备这个能力,也许需要两个月,甚至两年。

当我们选择惩罚或者奖励这样的方式激励孩子,会发现:短期效果会非常地明显,孩子立马就行动了,但是,过一天、过两天，孩子又回到原样。我们得在旁边，不断地用外力来推动，推着推着，这件事情就越来越成了我们的事情，而不是孩子的事情。

我们也可以选择，去认真地思考和对待这一类"树根型问题"。孩子的行为就像是一棵树上的树叶，而真正影响这些树叶状态的是树根。这一类的问题，当我们去认真对待，并且慢慢行动的时候，并不会有立竿见影的效果。但是，它会逐渐在孩子身上产生影响，一旦长期效果形成，孩子便可以靠自己的内在动力来推动自己去学习，而不是靠父母施加的外力。

帮助孩子明白"我为什么要学习"，这就是一个"树根型问题"，如果我们想要从根本上面对这件事情，如何行动，可以看家长作业。

家长的实践练习：

1. 为了帮助孩子能够真正理解"为什么要学习"，你准备尝试什么样的方法？

------

2. 从计划到实施，到初步看得到效果，你计划用多久的时间？

------

3. 在你现有的资源和能力当中，有哪些是支持你来完成这个练习的？

------

4. 在练习实施的过程当中，有可能会遇到什么样的障碍和困难？

------

5. 综合以上四项考虑的内容，你准备尝试去做的行动方案具体是怎样的？

家长实践1-贝贝家：

1. 为了帮助孩子能够真正理解"为什么要学习"，你准备尝试什么样的方法？

答：我们尝试用阅读的引导加上实际生活的体验，来帮助孩子理解学习的意义和价值。

我和孩子的妈妈会有意地收集自己有感受、有共鸣的书籍，同时也会关注孩子感兴趣的书籍。计划用一个月的时间，只是去收集，在这一个月当中，如果有一到两本书，其中有一到两个故事能够引起我和孩子的共鸣，那我觉得这就是很有效的了。

同时，电影、纪录片、生活中因为能力不足而需要面对的挑战……这些我们都会留意。

面对这个问题，我最大的一个收获，不是要如何让孩子明白为什么要学习，而是我们自己在用心的过程中，对孩子更多了一分理解。

在这个过程中，我们也会留意孩子的兴趣，看看他对什么感兴趣，在他感兴趣的这个领域，是否有一些故事、一些人，是他所熟悉的，在这些故事、这些人身上，有什么吸引他的地方？

2. 从计划到实施，到初步看得到效果，你计划用多久的时间？

答：最开始，非常有计划地收集资料，我计划用一个月，慢慢地在生活中用心观察并且引导。

开始做之后，我觉得从实施到初步看到成果，最起码需要半年时间。

3. 在你现有的资源和能力当中，有哪些是支持你来完成这个练习的？

答：现有的资源和能力当中，我自己喜欢阅读、喜欢思考，我想这是可以支持自己来完成这个练习的部分。

孩子的妈妈遇到事情，愿意向外去寻求帮助，虚心请教，这样的一个特质，我想也是对我们完成这件事情很有帮助的一个特质。

4. 在练习和实施的过程当中，有可能会遇到什么样的障碍和困难？

答：我个人主见比较强，看一件事情，会不自觉地认为自己就是对的，就急于想教孩子，这种急切的态度有时候会让孩子很反感，我想，这是我最大的障碍和困难。

另外，和孩子妈妈的育儿观念不太一致，这也是一个挑战。

5. 综合以上四项考虑的内容，你准备尝试去做的行动方案具体是怎样的？

答：仍然选择用阅读加实际的生活体验这两者并行的方式，拓宽孩子的视野，在拓宽视野的同时，把握住孩子感兴趣、愿意提问、愿意深入了解的可教时刻，将某一项孩子感兴趣的点延展、变深。

家庭实践2-苗苗家：
苗苗家：用实际的体验帮助孩子感受到知识和能力的重要性

苗苗,七岁,非常排斥学习英语,爸爸妈妈也不明白是什么原因。

家长计划:给孩子提供一些切身的体验,帮助孩子感受到英语学习和自己的生活之间有哪些直接的联系。

具体实施这件事情,他们计划用两个假期的时间,一个寒假,一个暑假,安排两次境外的亲子游学。

在出发之前,苗苗的爸爸妈妈特意商量好,不跟孩子提半点需要她学习英语的事情,只是让孩子自然地体验就好。如果让孩子感受到带她出去玩,就只是为了体验英语学习的重要性,他们担心结果会适得其反,孩子可能会觉得整个游学有太强的目的性,产生排斥心理。

在整个过程当中,孩子会自然地面对很多语言不通的情境。有时候,她会找同伴当中英语很好的其他孩子帮忙,比如要去商量买东西;有时候,她会自己犹豫,然后尝试着鼓足勇气用手势和对方比画;有时候,也会看到她因为语言实在沟通不畅而放弃了一些想法……

最开始尝试出境体验是在寒假,回来之后,没有看到孩子有明显的变化。但是随着暑假继续半个月的境外游学回来之后,苗苗对于英语的学习热情明显高涨了很多。

体验其实是最好的学习,我们可以给孩子创造一些体验的机会，让孩子在体验当中学习，我们在这个过程当中，唯一需要提醒自己的就是：管住自己的嘴。在开始之前，闭上嘴；在结束之后，也不要多啰唆。

当我们开始讲道理的时候，孩子就会面临来自父母的压力；当我们闭上嘴，孩子会自己去体验到这件事情本身，并且从自己的感觉中学习。

第五章

自信,让孩子敢于学习

一个孩子为什么会愿意主动学习?

第一是对学习有兴趣,即感受到学习这件事情有意思、有乐趣;

第二是对学习有自信,认为自己能完成这件事情、于是敢去学习。

这一章,我们从建立学习的自信讲起。

在家长课上,我常会邀请家长朋友们来回想一下,在自己的成长过程中,有哪些瞬间,会让自己感受到特别有信心去做事呢?

这是大家写下来的文字:

有一次,我被老师冤枉了,说我欺负同学。我爸跟我说,你告诉我事情的经过,我去跟老师解释,我的女儿我相信她。

小时候,家里比较困难,我很想要一条漂亮的裙子,于是跟妈妈吵闹着要买,妈妈什么也没有说,过了半个月,带着我去商店把那条裙子买下来了。妈妈一脸笑意看着开心的我,没有说家里现在很难,也没有说给你买了裙子一定要努力学习,但我突然就想好好努力了。

小学转学后,原本成绩很好的我一度跟不上班,于是有点自暴自弃。爸爸跟我说,你只是转学没适应,前面你学得不够扎实的这几章,爸爸妈妈陪着你每天复习两个小节的内容,我相信你很快就能赶上来。

我小时候英语特别差,我妈妈怎么请老师教我都没有用,有一天我爸在听我背单词的时候不经意地说了一句:我很喜欢听你读英语,腔调很好听。我开始每天早上都起来读,然后参加班级的英语演讲比赛、学校的英语演讲比赛,乃至全市的英语演讲比赛。

……

总结一下,帮助孩子获得自信的四要素:

- 被爱、被支持:当讲出来的话有人听,内心就会感受到被爱,进而会发展出一种确定的存在感、安全感,孩子就会这样看待自己:我是重要的,我是被爱的;

- 被倾听、被允许：当内心有了不满、难受、抱怨，向父母说出来的时候，父母不会责备孩子、拒绝孩子、打击孩子，而是懂得孩子语言背后的那些感受，孩子感受到：我是被允许的，无论我优秀或不优秀，在父母那里都是被接纳的；
- 恰当的目标感：设定过高的目标期待值，当过程中做不到时，只会体验到很多的挫败感；设定恰当的目标，努把力就能够做得到，伴随而来的就是成就感；
- 切实感受到的成就感：自信就是一次一次的成就体验之后，发展出来的"我能行"的自我看法。

所以，同样是面对学习，或者是面对未知的挑战，不同的孩子态度会不一样。

有的孩子会说："这个我不会。"

有的孩子会说："我来试试吧。"

不同的反应背后，体现的是孩子如何看待自己的能力和价值，也就是内在的自信。

就小学阶段的学习而言，孩子们本身能力差距并不大，学习成果的不同，很大一部分是因为内在的信心不同。信心决定了一个人是带着恐惧、害怕来做一件事情，还是带着期待、欣喜来做。

当我们陪伴孩子学习时，可以先用心观察，从孩子的眼睛里读到的是期待、信心，还是害怕。假若是害怕，我们需要先做的事情，不是把孩子按在书桌边，一遍一遍地告诉孩子，你要努力、你要认真，而是想想，我们可以做些什么，才能帮助孩子放下内心的顾虑和害怕，从内心产生期待和信心。

如何帮助孩子增强内在的自信？如何察觉到自己无意识当中做了打击孩子自信的不恰当做法？

第一节

支持孩子拥有自信的四个通道

如果细心观察,我们总能发现身边有些孩子不管做什么事都自信满满、斗志昂扬,即使遇到困难也能去积极想办法解决,而不是首先选择逃避。

这些孩子的"自信"是源于天生吗?还是他们的父母做对了什么?

一个人,从5岁开始会逐渐建立自我评价,开始了解到自己能力的边界和外在环境对自己的影响,知道哪些事现在就能成功,哪些事需要继续努力,环境中的因素会对自己造成怎样的影响等。

恰当正面的自我评价，就是自信；

不恰当的自我评价，就是自负或自卑。

我们需要在这个过程中不断引导孩子客观评价自己的能力，而不是让孩子用别人的评价来判断自己的能力。

帮助孩子建立客观的自我评价，需要我们坚持做以下几件事。

一、让孩子感受到爱

有些孩子，在学习时总是发呆，看到孩子的这个状态，我们可能会认为是孩子在开小差、精力不集中。但我们是否可以想一想，一个孩子为什么总是发呆呢？

我们大人在什么时候会总是发呆呢？内心难过、困惑、茫然、消沉等这些时候，总结一句，就是心不安定的时候。

当孩子看到父母对弟弟妹妹的照顾变得更多的时候，就会担心自己是不是依然还被爱。

当孩子犯了错，父母说再也不喜欢你了的时候，他们就会真的担心自己不被喜欢了。

如果我们能够实实在在去做一些让孩子感受到爱的事情，就会慢慢地帮助孩子把心安下来。心安了，就没有那么多心神不定、发呆、发愣的时候了。

小琳读小学五年级，非常期待爸爸有时间能够陪伴自己，也非常想吃爸爸做的面，但爸爸一直没有时间。小琳在上课或自己学习的时候，总容易发呆，感觉对自己未来没啥追求。当爸爸后来意识到，帮助一个孩子行动有效的前提，是这个孩子的心能够安下来，能够感受到被爱，爸爸就做了一个改变：每天早晨起来给女儿做她喜欢吃的面。

这个家庭的案例，我们跟踪了不到两个月，小琳整个人的状态有非常大的变化，用父母的话来说，就像换了一个人，对学习很认真，自己想要学，也少了很多牢骚。在这个过程中，父母没有强硬地提要求，而是让孩子感受到她是重要的、她是被爱的，孩子就有了改变的信心和行动。

二、和孩子保持无障碍的交流通道：倾听、理解、允许

也许有家长会疑惑，和孩子日常说说话，也会影响到孩子内在的自信吗？难道一个人的自信不是和他自身相关吗？

关于这一点，我们一起来理解一下，当一个人被用心地倾听、被及时回应，是如何影响其内在信念的。

当一个小婴儿降生，在最开始是意识不到自身的存在的。当他/她一哭就会有人来到身边回应他/她，这个孩子

就会在一次次回应里感受到：我很重要，我是存在的。

孩子慢慢长大一些，开始有说不完的奇思妙想，不管想法多么离奇，爸爸妈妈都会及时回应，孩子也会体会到：我很重要，我是存在的。

存在感，是在一个关系的互动当中自然产生的。

一位成年人，为什么会不断地刷朋友圈、刷微博？很大程度上，是看是否有什么事与自己有关，是否有人关注了自己、是否有人点赞和评论，这些其实都是在寻找一种回应，也反映了寻找回应背后内心缺失的存在感。

存在感若不足，就需要从他人的互动当中，一次一次地去验证。如果小孩从与父母的互动当中，能够确定地感受到自己的存在感，就不需要把时间和精力花在求得他人的关注和互动上，来验证自己的存在感。

家长对孩子有效的支持中，占80%以上的，是情绪支持。

1. 把人和事分开，先解除情绪的困扰

小玉今年7岁，刚进一年级，在学习时候遇到一些困难，有点想问妈妈，但是心里又害怕，怕妈妈责备自己上课不认真，但自己又确实是不会写，于是，就坐在书桌前磨磨蹭蹭、

抠手指头、磨橡皮……妈妈看到了,觉得孩子没有好好学习,很烦,就开始唠叨了:

"怎么半天都不见你认真学习啊?"

"作业是你自己的事情,快点写,不然晚上又要拖到很晚,烦都快被你烦死了。"

"真不知道你写个作业怎么这么难,楼下的小朋友,他们每天不要一个小时就写完了,就下楼去玩了,你说你上课的时候都在干什么?"

小玉越听越没有信心,头低得更低,手上的橡皮捏得更碎,最后哭了起来。

妈妈看到小玉哭,更烦了,说:"哭什么哭?动不动就哭,你看你有什么出息。别哭了!"

"哭什么哭?别哭了!"这句话,就是非常典型的打压孩子的话,不理解孩子,也不允许孩子有情绪。

当一个人开始流泪的时候,内心一定是有自己的难过或痛苦,眼泪就是情绪的无声表达。如果我们看到孩子的眼泪,没有觉察反思自己的行为带给孩子的压力,反而说:"有什么好哭的?"无异于告诉孩子,你现在感觉痛苦、感觉难受是不对的。

孩子听到之后就会茫然,一方面是自己真实的难过,另一方面大人告诉我这样不对。当这种否定足够多的时候，孩子就会慢慢相信：噢，我哭是不对的。慢慢地，孩子就会把感受封闭起来。

事实上，只有当孩子的情绪被理解和接纳之后，我们才有很好的契机，去引导孩子的行为。

2. 识别孩子的情绪，并且帮孩子表达出来

家庭场景：

孩子："妈妈，妹妹好讨厌的，总是来吵我写作业，我真是想打她了。"

妈妈："不要总是拿这些事情来烦我。"

本来这个孩子，带着生气，带着委屈，不知道该怎么办，想找妈妈去倾诉一下。当一个孩子选择和大人说的时候，他的心里就已经不是在想着要去打妹妹，而只是想找一个人把心里的这种情绪发泄一下。但是妈妈没有理解，而只是沉浸在自己的情绪和状态当中。

"不要总是拿这些事情来烦我。"

如果我们自己就是那个孩子，我们可能会呆在那里，本来还有好多想要说的话，似乎都被这句话堵回来了，想说也说不出来了。

家庭场景实践：

孩子："妈妈，妹妹好讨厌的，总是来吵我写作业，我真是想打她了。"

妈妈："我感受到你有些生气，是吗？写作业的时候总是被打扰，你的心里很烦躁，对吗？"

这里的方法运用，就是家长尝试着去用心地感受孩子，当家长感受到孩子的情绪之后，真诚地靠近孩子，并且把孩子的感受表达出来。"生气""烦躁"，这些都是表达孩子当时可能有的感受的词。

当然，生活中我们跟孩子做这样的表达时，不一定说出来的词都正好是孩子当时的感受，但这不要紧，关键是要看我们当时有没有用心地感受孩子，有没有想要在解决问题之前先和孩子的关系更加亲近一点，这才是最重要的。

我们最容易掉入的陷阱：使用了识别并表达情绪这个方法，但是主观上仍然想控制孩子。

一位妈妈分享说，我也尝试去体会孩子的感受，并把孩子的感受表达出来了，但是完全没用。我们问她具体的情形是怎样的，她说："孩子不想吃饭，于是我跟他说：'妈妈理解你现在有些烦，不想吃饭，妈妈知道。来，张开嘴巴，我们继续吃一口。'"

在这样的场景当中,"识别并表达情绪"的方法是没有发挥任何作用的,因为家长并没有在用心地体会这种方法,而只是借着方法的外用,继续自己对孩子的控制。

3. 允许和接纳孩子的情绪

家庭场景：

孩子："妈妈,写作业写得好累的,我要休息一下,不想写了。"

妈妈："快点写,不要磨蹭了,不然等会儿又没有办法早点睡,明天早晨又起不来。"

当孩子和妈妈说,我现在想要休息一下,不想写了,我们需要区分孩子只是表达一种情绪,还是马上会做出行动。情绪不代表事实,但是很多时候,我们会把这两者混为一谈。

试着想一想,如果我们是孩子,假如真的不想做一件事情了,是不是直接就不做了,直接就去玩了?还愿意和妈妈聊,表明孩子更多期待的是被理解、被关心、被倾听。如果我们没有明白过来,就只会在现实逻辑层面讲出一连串的大道理。

家庭场景实践:

孩子:"妈妈,写作业写得好累的,我要休息一下,不想写了。"

妈妈:"是的,我能够感受到,妈妈也会有这样的时候,我非常能够理解,来,妈妈抱一抱,好不好?"

当孩子表达抱怨时,我们的允许和接纳,就像是给孩子打开了一个出口,能够帮助孩子自然地、轻松地将负向的情绪缓缓流动出来。因为一个人的情绪被接纳,在某个层面,也意味着这个人被接纳。这个时候,孩子会觉得自己是有归属感的。

当我们做不到接纳和理解一个孩子的时候,孩子所形成的对人对事的看法大部分是这样的:

我是没有价值的,我是没有用的。

在这个家里,我是不重要的。

家是不安全的,是充满责骂和不尊重的。

我没有能力去做什么,父母也不要对我抱有期待。

当我们能够做到接纳和理解孩子的时候,孩子所形成的对人对事的看法大部分是这样的:

我是有价值的，我是有能力的。

在这个家里，我是重要的、是受欢迎的、是被爱的。

家是安全的，是充满关心和温暖的。

我想要去探索一些新的东西，我想知道我的兴趣是什么，我想知道我可以做些什么。

这样的一些看似简单、实则很重要的想法，其实就构成了我们成年之后人生信念的底色。

4. 和孩子探讨可以接受的情绪释放办法

家庭场景：

孩子："妈妈，我好讨厌我的新同桌，我真的不想上学了。"

妈妈："同桌是同桌，你是你，因为你的同桌你就不上学了，你是不是傻呀？"

很多家长一听孩子抱怨"我不想上学了"就感觉如临大敌，就以为孩子真的不想要上学了。其实事情很简单，孩子就只是想找一个让自己感觉信任和安全的人，说一说话、吐一吐槽而已，但是我们容易把这看成是天大的事，因为太担心和在意孩子走错路，所以急着用很多大道理去阻止孩子的表达。

家庭场景实践：

孩子："妈妈，我好讨厌我的新同桌，我真的不想上学了。"

妈妈："妈妈理解，你想不想打沙袋发泄一下心里的不爽呢？"

当孩子意识到，我有情绪是可以的，不是一件坏事，妈妈还会告诉我，我可以用什么样的方式来和这个情绪相处。孩子感受到被接纳被支持，就会更多去思考自己有力量去做些什么，让事情变得不一样，让自己变得不一样。

生活中，我们也可以给孩子示范，当情绪来的时候，如何接纳自己的情绪，并做一些释放情绪的小事情。

贝贝妈妈很容易发脾气，很长一段时间，她都讨厌爱发脾气的自己，但后来她学到：每个人都会有发脾气的时候，这是很正常的。她的心里好像放下了一块千斤大石，因为她不用再否定自己，觉得自己发脾气就是一个坏妈妈了。

再次发脾气的时候，她会有意识地去关注当脾气来的时候，可以做些什么让自己感觉好一些。经过一个月左右对自己的观察，她发现这些动作对自己有帮助：

每个星期给自己的闺蜜打电话，彼此说一说最近心里的开心和不开心，让自己的情绪有一个出口，同时也给闺蜜营

造了一个表达的空间;

觉得很疲惫的时候，回到家，先洗个脸，敷上面膜，躺十五分钟，再起来，疲惫感消失了很多，和孩子说话的耐心也会回来;

觉得无助的时候，和先生坦诚地表达：这件事情我有点做不到，我非常需要你的帮助，而不是一味地指责。先生也会很乐意帮助她。

"每个人都会有发脾气的时候，这是很正常的。但我需要练习用恰当的方式把脾气发出来。"这是人人都需要练习的、对待自己情绪应有的心态。

三、恰当的目标感

行动之初我们所设定的目标是否恰当，决定了这个目标在行动过程当中，是成为动力，还是成为阻力。

进步和成长，都是一个缓慢的过程，但当我们内心焦虑时，会有一种不自觉的期待：期待孩子马上就可以成为自己想要看到的那个样子。在这个过程中，忽视了进步是一个长期的、螺旋式上升的过程。

在阿德勒的《超越自卑》这本书当中，提到所有人都有一个共同的挑战：觉得自己不够好，内心有或深或浅的自卑。但如何运用自卑，人和人之间就有了不同。

如果我们给孩子定一个非常高的要求，出发点是好的，为了孩子好，但当这个很高的要求摆在孩子面前、孩子觉得实现目标无望时，激起的是孩子内心的自卑："这个要求太高了，既然你们认为我不够好，那我怎么努力也没有用"。"我不够好"就成为一个人不去行动的挡箭牌。

如果我们和孩子共同制定的目标是切实可行的，孩子只要去行动，稍微踮一踮脚就可以做到的，那么，孩子一旦行动，马上就能体验到目标达成的成就感，孩子内心的想法就会是："原来我可以做到"。接下来，再继续去关注于行动，关注于踮一下脚就可以够得着的小目标，在行动当中去体验到"我可以"，慢慢地内心建立起不一样的自我认知。

这是完全不同的两条路。

自信心就是这样，从不断重复的成功体验中积累而来，而不是不断地体验挫败感。

1. 目标小一点才能让孩子敢于做下去

有了目标，我们是只看大目标，还是能够将大目标拆分成当下可以实现的、通过小小的努力就可以达到的小目标，将会直接影响我们的心态和感受。

如果我们只是盯着那个很大的目标，比如头天刚和孩子制定假期的时间安排表，第二天就恨不得孩子执行得像机器人一般精准，这是不切实际的。这样做，大人和孩子都会觉得自己不够好，很容易变得很挫败，甚至怀疑自己，我不是在努力吗，我不是和孩子制定了计划吗，怎么就做不到呢？

如何去做一件比较复杂的事情，孩子本身已经有压力了，我们能帮到孩子的就是，如何把压力变大为小、变整为零，即将大的目标或任务拆分成小的步骤。这是非常行之有效的办法。

一个12岁的小女生，在上完儿童情商课之后，回家尝试着给自己做了一张生活习惯表，她希望自己可以做到晚上8点之前写完作业，晚上10点之前就睡觉。

她的执行情况是，一个星期有五天做到了，还有两天在周末，没有做到。

我记得非常清楚，当时她妈妈说，做这个计划有什么用，周末还不是一样的晚睡，早晨起不来？

女孩非常委屈，说："我真是太没用了，做个计划，结果一点用都没有。"

结果，不管是家长和孩子，感觉到的都是挫败感。

如果我们制定小目标，会是怎样呢？

我们的小目标可以是：一个星期我有一半时间可以做到。

当这个达成之后，再提高为：我有一大半的时间可以做到。

再达成之后，再提高为：我每一天都可以做到。

改变，是一个循序渐进的过程。对照这些拆分了的小目标，如果你是那个女孩，或者是妈妈，你的感受又是怎样的呢？是挫败，还是略有成就感呢？

很多事情，本没有绝对的对与错，关键是看我们如何做、如何想。

2.如何把大目标拆分成小目标

第一种，根据由易到难的过程，拆分步骤。

夏天，登登爸爸喜欢带着孩子自己做冷饮，他带着孩子一起动手做点什么的时候，最常用的表达方式是：第一步、第二步、第三步……每完成一步，就确认这一步是否做到了。如果确实做到了，那就到下一步；如果这一步没有完成，就先把手上的这一步完成。

他完整的表述是这样的：

第一步，先把冰模洗干净，擦干水，摆好，并且数好多少个；

第二步，准备好要做冷饮的材料，有牛奶、冰糖、绿豆粥，水果要去皮、切成丁。

第三步，把牛奶、冰糖、绿豆粥、水果丁搅拌在一起。

第四步，把搅拌好的材料慢慢地用勺子装到冰模里。

第五步，把冰模放到冰箱的冷冻柜。

这看上去好像很简单，但是原理和做一件复杂的、长期的事情是一样的，只要我们帮助孩子拆分步骤，孩子对任何事都能有清晰的逻辑。

我们带着孩子一起做家务、收拾房间、整理书包等，都可以采用这种区分步骤的方式，一次一个步骤，慢慢来，做好一个，自然到下一个步骤。孩子在行动之前，听到我们详细的步骤拆解，内心也会比较清晰有底。

第二种，了解孩子掌握这个技能的常识，做好缓慢进步的准备。

我曾陪孩子练习跳绳，如果一开始，我就希望他在短时间内跳得很好，达到体育考试可以合格的水平，那孩子和我都会有莫大的压力，我们都会很焦虑。

在陪伴他的过程当中，不同的阶段，我所设定的小目标是不一样的：

最开始，我的小目标是只要他愿意拿起跳绳，不排斥这件事情就好。

接下来，我的小目标是他可以连续地跳1个完整的绳，而不是甩一半，走过去，再甩一半；

再接下来，我们的小目标是可以连续跳5个绳；

再接下来，我们的小目标是一天练习跳绳的个数达到100个；

再接下来，我们的小目标是一分钟可以跳20个；

再接下来，我们的小目标是一分钟跳50个；

再后来，根据他自己的练习情况，一点点地调整。

根据跳绳的技能常识拆分之后，眼前的大目标就变成了一个小目标，我们会觉得，每达到一个内心都会充满成就感，孩子和自己的付出，都因为可视的小目标达成而被直接看见。

四、及时具体的鼓励

1. 看到孩子的进步，也邀请孩子看到自己的进步

我们不仅应该及时表达对孩子的肯定，更要创造机会，

让孩子的成就感能够被他自己看见。

有一位小学一年级孩子的家长,有一段时间,她的孩子每天的家庭作业里有一项相同的作业:做口算题卡。

一开始,120道题,计时21分钟完成,妈妈没有任何对孩子的责怪和不满,只是坚持给孩子做记录。

两个月过去了,她把一张满满地记录了时间的纸,拿给自己的孩子看,问孩子看到了什么。上面记录的时间,一天一天缩短,平时一两天也许看不到变化和区别,但是,两个月所积累下来的成绩,看得见了。

两个月之前,21分钟;两个月之后,13分钟。时间缩短了三分之一,进步显而易见。

同样的,如果孩子昨天的作业错了三道题,今天只错了一道题,这是不是也值得肯定?若是我们紧盯着错的那一道题不放,孩子的内心大概率是挫败的,他心底的声音会是:我不能犯错,否则我就是无法让妈妈满意的。

2. 换一换表扬和奖励的方式

我不主张对孩子有过多的表扬和奖励,这会让孩子做事情的动机,从事情本身,偏向表扬和奖励所导向的方向。但有时候,孩子的状态确实很好,获得的成绩确实很令人开心，怎么办呢？

那就用一些小仪式来代替表扬和奖励。

有一次，我的孩子连着一个星期的作业都完成得比较好，在班上也被老师表扬了。回到家，他很开心地和我们说起这些事情。我能够感受到他内心溢满了自豪和喜悦。

他说，妈妈，别人家小朋友得到老师表扬的时候，回到家家长也会再表扬的。

我说，你需要我们表扬你吗？

他说，我不需要，我自己知道我这次做得很好，但我觉得，我们一家人可以庆祝一下，用庆祝来纪念我的进步。

我说，好。于是一家人商量，用我们喜欢的方式，去一起庆祝。当时孩子提议，就在我们自己的城市，订一家酒店，我们住在酒店里，感觉像是出去度假了一样。我们觉得这个办法非常好。

后来，在自己的城市住酒店这种方式也成了我们家用来庆祝的一种习惯。

第二节

影响自信的关键点是遇到困难时

在前面，我们了解了在日常生活中，如何支持孩子活出自信的四条通道。但在实际的行动过程中，我们需要承认，无论准备得多么充分，无论在最开始孩子如何满怀信心，在过程中都会有遇到困难、感觉挫败，甚至是想要放弃的时候。

当这样的时刻来临，我们如何做，可以持续地支持孩子，在这种有挑战的时刻，依然可以穿越困难、保持信心呢？

一、面对困难时，让孩子感受到自己被支持

让一个人停下行动步伐的，往往不是事情本身，而是这个人认为自己没有能力来完成这件事情。

我们来模拟一个场景：

一个孩子面临一次特别重要的考试，但是他没有考好，考试成绩出来后，他忐忑不安地拿着成绩单回家了。

家庭一：父母开始批评孩子，责骂孩子，跟孩子说："为什么这么粗心？""让你好好复习，就惦记游戏，这次考试多重要你不知道吗？""考这么点分数，你对得起我每天起早贪黑伺候你吗？""你就是学习不认真，舍不得用功。"

家庭二：父母看完成绩单后，跟孩子说："考试没有考好，我们知道你自己心里已经很难受了，我们理解你。先休息一下，放轻松。晚一点，我们认真看一下这次题错在哪里，认真总结一下经验，下次在这些地方改正，好不好？"

在第一个家庭中，孩子除了要面对没考好这件事本身的挫败感，还需要额外承担来自家长的压力。压力之下，外界如何评价他，无论在他的精神层面是否认同，他的内在都会无意识地吸收这些信息，比如：

你怎么这么粗心啊？你怎么这么不自觉呀？

学习不认真吧,这下考试考砸了吧?

这样下去,你想要考上好的大学是不可能的

……

在这样的声音当中,孩子的头越来越低,同时内心深处的一些声音,也会越来越大声:

我是一个没用的人;

我真不好,总是爸爸妈妈和老师失望;

我怎么这么笨?

……

而在第二个家庭中,孩子需要面对的只是考试本身的挫败感,没有其他的额外压力,相反,他还能够得到来自爸妈的支持。这时,孩子就能够比较轻松地面对这些错题,不会有"这次我考砸了,我就是不够好"这样的自我认知。

在遇到挫折或者困难的时刻,孩子最需要的,不是外界持续不断地用力,告诉孩子你不够好,而是让孩子体会到:原来我做得不够好的时候,依然有人爱我,我依然是值得被爱的。

只有当孩子不再关注于自我攻击和自我批判时,才会有客观看待事情的理性:不是我笨(能力不行),只是这件事情我还没有找到适合的方法而已。

要做到这一点,对我们来说不是一件容易的事情,尤其是在我们区分不出自己的情绪和压力的情况下。当挫败袭来,我们本能地会一股脑认为:都是孩子不好,都是孩子不努力,才会有这样的结果。这样一来,孩子面临的是双重打击:

一方面,是事情本身的挫败感,导致孩子自己内在的压力和紧张;

另一面,是我们自己无法消化和面对的情绪,也通过指责和批评,转嫁到孩子的身上,让孩子一个人来承担和消化。

光是想一想这个场景,就会觉得一个处于黑暗时刻的孩子,如果再得不到理解和支持,将是一件多么让人心疼的事情。

心理学的研究显示,当人处于压力状态时,信息植入其内在的深度,远远大于处于非压力状态时。也就是说,处于压力状态时,自我认知的程度会比情绪平和时深得多。我们在这个时候说什么,孩子都容易听进去,变成无意识的内在信念。

也许有家长会说,好,这个时候我说什么,孩子都容易听进去,我就专门在这个时候说。

这里要重点解释一下,孩子在这个时候能够深刻听进去的，都是外界对自己的看法，而不是做事情的方法。所以，当孩子被批评的时候，强化的是对自己的负面认知，而不是一件事情要如何做。

对一个孩子来说，那些觉得自己学习不够好的时刻，那些感觉被人欺负了的时刻，其实，是孩子内心形成自我认知的关键时刻。

一个孩子对自己是否有能力的看法，和他考试成绩的好坏没有直接的关系，但是和成绩出来之后，他是否会面临外界带给他的压力，有莫大的关系。

在小学生成长的六年当中，实实在在学了哪些知识固然重要，但比这些知识更重要的是，在这个过程中孩子形成了哪些对自己的看法。

二、当阶段性结果不那么理想时，更加需要包容和鼓励

在我的家长课或者咨询当中，总会有家长提问说，有时候看到孩子出错的样子，我实在想不出来，他有什么值得鼓励和肯定的地方。

成长，都是螺旋向上的过程。上升几步，又退回来一步，很少有永远向前不后退的成长曲线。当阶段性的后退出现时，也正是非常考验我们内心对孩子的理解和包容的时候。

一位妈妈和我们分享了一个生活细节：

孩子自己收拾好了书包，很晚的时候妈妈发现语文书忘在了书房，而第二天有语文课，妈妈将它放进了孩子的书包。

第二天上学路上，妈妈告诉孩子："宝贝，昨晚妈妈在书房桌子上看到了你的语文书，你是不是忘记了。"孩子有些忐忑："妈妈，你不会批评我吧。"

妈妈说："妈妈当然不会批评你。因为我自己也有忘记的时候。你知道吗，你从小学第一天开始，到现在，妈妈就陪你收拾过一次书包，一直都是你自己在按照课表收拾，这么长时间，你才出了一次纰漏，妈妈佩服你都来不及呢。还想请教你，你是怎么做到的。你放心，妈妈已经把书给你放进书包了。"

"谢谢妈妈。"小家伙伸出胳膊，暖暖地拥抱着妈妈。

安全感，就是感受到：无论我是怎么样的，在这个人面前都是被接纳的。我们自己需要学会如何鼓励自己，才能将安全地接纳孩子、认可和肯定孩子的能力建立起来。

可以试着做一个小小的练习，每天在本子上记录一个今天看到的孩子身上的闪光点，无论什么都好，一天一天记录。一段时间下来，你会发现，你和孩子之间的关系，不知不觉之间变得不一样了。如果你愿意，你也可以将这种练习，延伸到家里其他人的身上。

最为重要的，是每天发自内心地看到一个自己的闪光点。

允许自己活好，看到自己的优点，既是照顾自己，和自己好好相处，也是练习去真正看见和肯定孩子的必经之路。这是一条值得每个人练习的路，越走，前路会越芬芳。

三、面对瓶颈期，需要父母的陪伴和守望

每一项练习，从不熟悉到熟悉，在这个坚持过程当中总会遇到这样一个阶段：瓶颈期。瓶颈期就是指事物在变化发展过程中遇到了一些困难（障碍），进入一个艰难时期，跨过它，就能更上一层楼；反之，可能停滞不前。

当瓶颈期到来时，孩子的努力好像比平时更难看到进步；

当瓶颈期到来时，出的错好像比平时要多，做的事情好像比平时要难；

当瓶颈期到来时，孩子内心的沮丧和无力感好像变得更强。

看到这些状态呈现出来时，我们最担心的就是孩子对自己失去信心，没有动力去继续面对困难和解决问题。

这时候的我们，怎么做才能帮到孩子呢？

在我们孩子一年级上学期的时候,我们陪他一起练习跳绳。

从最开始完全不会,到慢慢可以跳一个完整的,到两个连跳,到十个连跳,一天一天地进步着。

大概练习了十多天之后,他的连跳在十个左右就停下来了,想往上再突破一点,始终很困难。

我看到他真的很难过,每一次,憋足了劲,和自己说,这一次我一定连跳超过十个,可是,在不到十个或是刚好十个的时候,又死绳了。

一次这样,还可以自己给自己打气;

两次这样,三次这样,爸爸妈妈给他打气也还能坚持;

可是,四次,五次,十次……都是这样呢,还能不能坚持呢?

果不其然,在失败了一二十次之后,他把跳绳用力地往地上一砸,还用脚踩几下,我能够感受到他强烈的挫败感。

我试着靠近他,他很用力地推开我,还跑到离我更远的地方,大声地哭。

我知道,他的情绪不是针对我,他只是现在不需要我的陪伴和拥抱,他需要有更加开阔的空间,去消化他此刻内心的挫败和难过。

我就在旁边，离他不远的地方，陪着他。我什么也没有做，不催他，不急他，也不担心他，耐心地等着他。

看到他哭够了，慢慢地擦干眼泪，又重新走回跳绳被扔下的地方，把绳子捡起来，他似乎下了很大的决心，还把眼睛给闭上，闭着眼睛，他开始跳。

第一次，还是失败了，他闭着眼睛，一边哭一边倔强地把绳子捡起来，重新开始。那几分钟，我就是看着一个孩子，闭着眼睛，流着眼泪，放声大哭，但是跳绳的动作也没有停下来。

我就这样，在他旁边一个不远不近的距离，陪着他。

终于，连跳了过了十个，但动作还在继续，十五，二十，三十……

停下来的时候，他兴奋地朝我冲过来："妈妈，我跳了三十五个，我跳了三十五个……"我看到他脸上的眼泪还没有擦掉。

那一刻，我知道，在某些时候，孩子既不需要我们担心他们，也不需要我们过度保护他们，他只需要我们在，只需要我们的温暖在，我们的理解和陪伴在，他向前的推力和安全感，就在。

孩子面对瓶颈期的压力，是成长本身自然会经历的体验，犹如蝴蝶会破茧而出一样，伴有痛苦，但不是他人可以替代的，只能自己蹚过去。在这个阶段，孩子本来就已经很难熬了，如果父母还在孩子背上再加一重压力，无异于雪上加霜。

如果我们懂得，这是孩子能力发展过程中非常自然的一个阶段，过去之后，孩子的能力发展就处于更高的一个水平，那这个阶段很自然就会过去。

如果我们不懂，就很有可能因为无知而拖后腿，孩子走不动，我们却还怪孩子没有努力。孩子在瓶颈期负重前行本就不易，如果还要照顾我们的焦虑和情绪，就更是难上加难了。

所以，在面对孩子某个阶段成长不快甚至倒退的时候，我们不要急着去担心孩子，先看看自己是不是因为焦虑和担心从而给孩子设置更多的障碍。然后，去看见孩子的压力和难过。我们只需要陪着孩子一起面对，只需要让孩子感受到你在他身边，不需要做太多、说太多、担心太多，孩子仅仅知道你理解他的感受，就足够了。

家长们需要时刻提醒自己：

- 理解学习的过程中，有瓶颈期的存在。
- 当瓶颈期来临，不要把孩子的情绪当成事实，孩子只是在发泄挫败的情绪。

> ● 观察孩子是否真正需要支持，如果需要，及时支持；如果不需要，相信孩子可以自己穿越，自己在旁边守望、陪伴、见证孩子的这个过程就可以了。

四、支持与放手，都应该在合适的时候

陪伴孩子一起练习一项新的技能时，会发现，某些阶段孩子需要我们的支持会多一些，但在某些阶段孩子对我们的需求又会少很多，他们反而开始需要被信任，想要寻求自己的空间。

那到底什么时候应该多陪伴，什么时候可以慢慢放手？

1. 要不要陪，视孩子当下的状态而定

面对同一件事，同样年龄、同样性别的孩子：

有的孩子需要我们手把手地教，有的孩子只需要我们在同一个房间就行；

有的孩子我们不管最好，有的孩子需要我们在合适的时候出现。

无论孩子需要哪一种，我们首先需要了解孩子，用心地观察孩子的需求。

如果孩子呈现出独立的状态，不需要你支持，那就在

旁边适当地把关就可以了。

但是这种独立的状态，一定要区分仅仅是态度上的想独立，而能力上仍然需要我们扶着走一段；还是态度上想独立，能力也支持。

淇淇今年读一年级，同一小区念三年级的轩轩每次都是自己走路去学校，淇淇特别羡慕，也跟妈妈要求让他自己走路去学校，而不是让爸爸妈妈送。

妈妈答应了淇淇的要求，但是跟淇淇说，妈妈会远远跟着地观察他，如果他能够连续一个星期都能准时安全到校，妈妈就让他独自上学。

淇淇尝试独自上学的第一天，妈妈远远跟在淇淇身后，发现淇淇先是因为着急赶上走在前面的轩轩，一不小心在路上摔了一跤。刚爬起来走一段，又被学校门口小卖部的小文具吸引了眼光，蹲在那里迟迟没走，最后差点没在规定的时间点进校门。

晚上淇淇回家，妈妈把自己早上看到的跟淇淇说了一遍，并表示仍然要接送淇淇上学，一直到淇淇可以跟轩轩一样，有按时、安全到校的能力。

在这个案例中，淇淇并没有具备独自上学的能力，因此，爸爸妈妈是不宜放手的。有一些孩子，态度上不需要我们陪伴和支持，但实际上自律的习惯还没有养成。这个时候，我们需要做的是先反省自己的教养方式，因为孩子想要我们离得很远，大部分是在反抗我们对他的控制心。当我们调整了自己的养育方式之后，后面的陪伴和支持才具备有效的可能性。

如果孩子呈现出需要教、需要陪伴的状态，那就用孩子能够理解的方式来教，用孩子需要的方式来陪。

检验孩子是否理解了我们的话的最简单方式就是：行动之前，邀请孩子适当复述。复述不是为了考孩子，而是为了帮助我们及时了解孩子吸收的程度，是真的理解了，还是半知半解。如果还有不了解的地方，则需要继续耐心讲解。

2.孩子做，我们自己适当地后退

我们不可能永远陪在孩子身边，当孩子的能力逐渐增长，在练习一项新能力这件事情上越来越进入正轨后，我们就需要考虑适当地后退了。

比如以前我们陪着孩子做家务，会一边陪伴一边做示范，但是等到孩子熟悉以后，我们便只需要去提示孩子：起床后记得把床整理好；看完书后记得把书架上的书归位；吃完饭别忘了收拾桌子洗碗哦……提示完毕，我们甚至可以在另外一个房间，做自己的事情。

当然，在后退之前，要用自然的方式告诉孩子：妈妈现在去做别的事情，如果你需要妈妈的帮助，妈妈随时都在。表达自己的支持，用随时都在的耐心，给孩子慢慢独立的准备空间。

孩子感受到爸爸妈妈的支持在，但存在感又不是特别明显时，就适合做后面放手的准备了。

3. 在时机合适的时候，带着信任放手

放手，不代表放任。

在什么时候放手会比较合适呢？一般有两种情形：

第一种，孩子自己已经准备好了，原来动不动需要父母帮忙的，现在不需要帮忙了；原来有些不自信的，现在会大胆地自己来，还不太愿意接受父母的帮助，会要求"自己来"。

比如上小学后，一开始我们带着孩子建立良好的学习习惯，比如看20分钟书，手把手带着做眼保健操；比如每天把所学的内容带孩子过一遍，然后把第二天要学的内容预习一遍……这些都需要我们天天带着孩子做；几个月后，孩子熟悉了，我们就可以把"陪着做"改成"提醒孩子做"；再过一段时间，孩子形成习惯了，知道阅读后要做

眼保健操，每天学习的内容要自己复习和预习，我们就可以放手了。

第二种，孩子自己感觉还没有准备好，但根据家长的观察，其实已经达到可以放手的状态了，需要适当地设置一些看似自然的，需要孩子独立去完成的机会。当孩子做到之后，及时地给孩子以鼓励，告诉孩子这不是偶然，也不是运气，而是他实实在在能力的体现。

比如刚进一年级的时候，孩子晚上的时间如何安排、计划如何做，需要妈妈协助并提醒，但是一段时间后，孩子自己已经具备了安排时间、制定计划的能力，妈妈就可以逐渐放手了。在逐渐放手的过程中，孩子可能会出现并不能完全安排好的现象，比如连续好几天因为看书太入迷，导致睡眠时间推后，我们就需要跟孩子讨论，有什么合适的方法能够帮助他按时上床睡觉，比如在睡觉前20分钟定闹钟提醒，或者请妈妈帮忙提醒等。

做到及时放手，可以练习正面管教的"放手五步曲"。

第一步：想一想，在哪方面你很难对孩子放手？

第二步：这些问题是什么？

1. 你的问题（通常是我们的恐惧）是什么？

2. 孩子的问题（通常是他们所想要的）是什么？

第三步:你真的愿意放手吗?

假如你觉得不愿意放手的话,接下来的两个步骤就不必进行了。

第四步:放手时,你可以做到的最小的一步是什么?(一定要明确具体)

第五步:你打算什么时候开始尝试放手的最小一步?如果这样做会让你感到不舒服,你还会坚持吗?

家长练习实例:

瀚瀚,就读小学二年级,男孩。

妈妈的挑战:孩子总是丢三落四,每次忘记带东西就打电话让妈妈给他送到学校,妈妈害怕孩子生气每次会送,但自己内心非常不开心,一方面打乱了自己的时间安排,另一方面觉得孩子过于依赖自己。

第一步:想一想,在哪方面你很难对孩子放手?

瀚瀚妈妈:在孩子可以独立收拾好自己的东西、带好自己上学需要用的物品这件事情上很难对孩子放手。

第二步:这些问题是什么?

1. 你的问题(通常是我们的恐惧)是什么?

瀚瀚妈妈：我的问题是害怕孩子生气，会觉得妈妈不够支持和重视他；也害怕孩子被学校老师批评，被扣纪律分。

2.孩子的问题（通常是他们所想要的）是什么？

瀚瀚妈妈：孩子想要的，可能是不太需要操心自己的事情吧，有一个省心的妈帮他各种查漏补缺，这样他自己就可以不用负责了。

第三步：你真的愿意放手吗？

假如你觉得不愿意放手的话，接下来的两个步骤就不必进行了。

瀚瀚妈妈：我愿意放手。

第四步：放手时，你可以做到的最小的一步是什么？（一定要明确具体）

瀚瀚妈妈：放手时，我可以做到的最小一步，是当我的孩子再次和我说要我给他送东西时，我会非常明确地表达，我在开会，或者有非常重要的工作，无法离开工作岗位，让他自己想办法。

第五步：你打算什么时候开始尝试这放手的最小一步？如果这样做会让你感到不舒服，你还会坚持吗？

瀚瀚妈妈：最开始一定会有不习惯的，我能够想象得到。但只是这样尝试一小步，并且及时地和班主任沟通我的想法，让我的孩子去面对他本来就需要面对的压力就好。回到家，我们可以客观地聊一聊这件事情，我不和他讲道理，也不讲那些讽刺他的话。很平常地去看待这个行为，就好了。我相信我可以做到的。

第三节
自信的培养,需要的时间比你想象的长

一、完成比完美更重要

一个人完全不做一件事情,等同于0;现在开始行动了,做到了60,这本身就是巨大的成绩。

有一位家长,在辅导孩子写作文时非常抓狂。孩子刚上三年级,老师规定一篇作文写200字,可是孩子一个周末下来,在书桌前熬上半天,也就写了四五十个字。

妈妈非常地愤怒,也非常地无力。

"一个上午,你东搞一下,西搞一下,我就搞不懂你,明明一篇作文一下子就可以写完了,你为什么要折腾一个上午。作业嘛没有写完,玩也没有时间玩,你这是在干什么,我真是搞不明白了。"

妈妈这边说，孩子这边已经开始掉眼泪了。

"你还哭，我花了一个上午的时间来陪你，你还哭。怎么好意思哭啊。我都快要被你烦死了。"

孩子哭得更凶了。

妈妈不知道该怎么办，换爸爸来辅导。

爸爸坐下来，看了看孩子的作文，说："爸爸理解你，不是你不愿意写得快一点，你是真的不知道该怎么写，是吗？其实你只是需要一点点帮助，是吗？"

孩子说："嗯，我是真的不知道要怎么写。"

爸爸说："要不这样，我们现在换一种轻松的方式，来聊这篇作文，好不好？"

孩子觉得很有意思，就和爸爸开始聊，聊这篇文章他的想法，他本来想怎么写，写着写着发现又不对，爸爸一边听，一边把孩子关键的思路都记录下来了，大概二十多分钟聊完，爸爸基于孩子的理解，所画下来的思维导图也出来了。

按照思维导图，孩子的作文 30 分钟就完成了。

但是妈妈不同意爸爸的做法，妈妈说："你这样帮他画思维导图，那以后每次都要画，在学校你也帮他画？就是要锻炼他自己独立写。"

爸爸说："我们要客观地看到孩子的能力，设定合适的期望值。在孩子现在这个阶段，他就是需要一个梯子，去帮他一下，他就爬上去了；而如果一点梯子都不搭，就一个劲地给孩子提要求，你快点给我爬上去，孩子爬不上去呀。我们现在帮他一点点，至少他完成了这篇作文，在他的内心，就有了一次成功的体验，慢慢地，他就不再需要这架梯子了呀。"

后面的事实，也证明了爸爸说的是对的。在爸爸的支持和陪伴下，孩子很快就学会了自己在写作文之前先画思维导图，然后迅速地完成作文，整个过程都是自己独立完成的。

孩子在当下处于什么样的能力，他适合的支持方式是什么，我们对孩子合理的期待是什么，这些都是在孩子行动的过程当中，我们需要明白的。我们内心越通透，孩子的成长就越轻松且高效。

二、在"想做到"和"能做到"之间，还有很长的路

错误是学习的好机会，没有人能保证不犯错误，不同的是，在犯错之后如何被区分对待。

如果不经打压，每个孩子都是向好、向上的，想要把一件事情做好，是孩子自身的期待。

举个常见的例子，一个孩子在练习写字的时候，不小

心把字写出格子了。

"怎么又写出来了呢?"当这样的声音出现时,孩子本能地会认为:呀,我又犯错了,我真是没有做好。

"没有关系,每个人都会有把字写到格子外面的时候,我们多练习就好了。"孩子听到这个,会觉得:哦,原来不是我一个人的问题,我只需要多练习就好。

同样的事情,不同的对待方式,可能让一个行为戛然而止,也有可能让它更有生命力地向前继续。

练字这样的小事,我们或许觉得还好。然而,有一些孩子因为比较严重的厌学或休学倾向来我这里做心理辅导,当我了解了孩子内心的真实意图之后发现,这些孩子都有一个相似点,那就是很难得到父母的支持,会不断被父母打压,以至于感觉失望甚至绝望。

当孩子内心的想法被看见、被理解,他们内心想要学得更好、做得更好的那个念头,很自然地就会回来了。

三、放下急于求成的想法,从每天进步一点点做起

在陪着孩子去行动的时候,行动方案一定要细致、落地且简单,一天只需要行动一小步。太过激烈的改变,谁都受不了,受不了的事情,就没有办法长久地坚持。

那些看似简单平常的小行动，坚持一段时间之后，就是了不起的成绩。

以我们自己为例，如果我们在参加完家长课之后，对自己的要求是"我再也不对我的孩子发脾气了"，在后续的过程中，我们只会让自己体会到一次又一次的挫败，因为没有人能够做到不发脾气；但如果对自己说，"每一次如果有情绪失控的时候，我都会在事后写一段日志，让自己更加明白那个情绪为何而来"，这就是可能实现的行动一小步。

孩子也一样，我们在陪着孩子制定行动计划的时候，要记得去看孩子所面临的行动，是压力巨大的一大步，还是伸手就可以够得着的一小步。

有两位妈妈，面临同样的挑战：孩子刚上小学一年级，需要培养从图画书到文字书过渡的阅读习惯。

妈妈甲，自己是一位大学教授，在这位妈妈心里，有很多的"应该"。比如，小学生就应该可以独立阅读文字书，我小的时候，就是这样，没有任何人陪，没有任何人教，我自己就会了。

于是，这位妈妈就这样给孩子布置了任务：每天阅读30分钟的文字书。

不巧的是，这个孩子的学习途径，是偏体觉而不是偏视觉，纯文字的阅读对于这个孩子来说是一件有难度的事情。这个孩子在阅读的过程当中，总是坐不住，一会儿喝水，一会儿上洗手间，反正就是不好好读书。

越是这样，妈妈就越是觉得要严格管教，于是，一个对阅读更加反感，一个对孩子管得更严，母子之间的关系也变得越来越对立，一丁点的小事情就会让两个人之间的情绪大战一触即发。

另外一位妈妈乙，她明白有的孩子过渡到纯文字阅读是很自然的事情，但有的孩子就是做不到。她和孩子商量：我们每天一起阅读加游戏30分钟，可以妈妈给你读，可以你读给妈妈听；可以扮演里面的故事，可以一起给故事编一些不同的结尾；可以读图画书，可以读文字书。

孩子在这样的氛围当中，30分钟不知不觉就过去了，孩子对于阅读的兴趣自然也就更加浓厚。

半年下来，前面那个家长，还在和孩子抗争，每天自己拿本自己的专业书，盯着孩子，守着孩子；

后面那个家庭的孩子，已经开始独立阅读纯文字书，每天超过2万字的阅读量，还会每天主动要妈妈给她录讲书的视频，孩子自然地从阅读的乐趣当中，开辟了从输入到输出的途径。

# 第六章
如何培养小学生的自律

我们都希望自己的孩子能够自律，不用我们跟在后面催催催，就可以自觉完成作业、能照顾好自己的生活。

为什么我们如此期待孩子的自律呢？是因为被媒体宣传的"自律，改变人生的捷径""自律，是一个人最高级的教养""自律不一定成功，但成功的人一定自律"这些言论所裹挟？

还是孩子必须达到一定的自律标准才更有助于他的健康成长？

在一定阶段看上去不那么自律的孩子就一定不好吗？

不同的人，不同的成长阶段，自律有没有标准？

如果把自律这件事放到整个学习生涯甚至人的一生去看待，那么小学阶段，我们内心有哪些自知或不自知的关于自律的期待呢？

我们在用什么样的方式帮助和支持孩子形成他们的自律？这些方式当中，哪些是有用的，哪些可能没有效果？

期待这一章的内容，会给您一些参考和启发。

第一节

对孩子自律的恰当期待

先来看看我们成人世界对自律的定义：

《现代汉语词典》对自律的定义是"自己约束自己"。

在我们的日常生活中，自律的理想状态是：

- 知道自己要什么，有清晰的目标（长远目标或阶段性的小目标都可以）；
- 对于自己想要实现的目标，有一定的信心且愿意付出行动；
- 知道自己要怎么做，并且行动能力也跟得上，不需要外界太多的提醒和督促，自己就会去做，甚至还非常有热情；
- 对于处于这种状态下的自己，是喜欢和认可的。

这种自己约束自己的控制力，来自大脑前额叶的成熟，而大脑前额叶要到25岁才能完全成熟。

所以首先，我们一定不要用成人的自律标准去要求孩子，更不要拿成年人都做不到的标准去要求孩子。这种要求，无异于制造冲突和自寻烦恼。

"做作业要自觉，不需要爸爸妈妈催；把学习放在心上，要有主观能动性；不要玩手机，查完资料就把手机收好。"

这是很多家长对于孩子自律的期待。

我们把这个格式修改一下，换成对大人的期待："对待工作，要有主观能动性，积极主动地开展工作；不需要别人来督促和提醒，及时甚至提前完成工作，对他人有交代、有反馈；管理好手机，除了必要的工作之外，不要在手机上浪费时间。"看到这里，我们可能会会心一笑，因为我们自己也很难做到。

其次，自律，有真自律和假自律。

同样的两个孩子，都每天早起，都按时学习，不需要家长提醒，但真正的内在自律和假的自律，状态是千差万别的。

真正的自律，是孩子享受这个过程，他内心有着清晰的目标，并且为了这个目标积极主动地努力。在这种自律的背后，我们会看到孩子是充满热情的，他的眼神里写满了坚定。

假的自律，仅有一个表面上会到点执行的形式，但孩子的内心并不享受，也不轻松。因为这份自律所朝向的目标，十有八九不是自己的目标，不是自己想要成为的那个样子，而是外界（一般是父母）期待孩子成为的那个样子。这样的自律，是一种负担，孩子的眼神里更多的是疲惫或沉重。

在培养小学生的自律这件事上，我们到底该如何做呢？我们的那些做法是真的能帮到孩子，还是在帮倒忙呢？

一、是孩子真的不自律，还是我们的期待不恰当？

有时候，孩子觉得自己已经做得很好了，对自己很满意了，但家长觉得远远不够，这种情形下，就很有必要来区分：真的是孩子做得不够好，没有达到正常的标准，还是我们对孩子的要求太高了？

我们一起带着这样几个问题，来阅读：

① 一个小学生，他们能够做到的自律是什么？

② 在我们的眼里，期待孩子能够做到的自律，又是什么？

③ 我们对孩子的自律要求，和孩子能够达到的自律要求是不一样的，双方能不能就这个问题达成共识呢？

④ 家庭中，对于培养一个人良好的自我管理能力，是否有相关的练习，或者是否有家庭习惯与氛围作支持？

接下来，是三个家长需要改变的看法。

1. 看起来的不自觉，可能是双方的标准不同

育儿过程中，我们总是沮丧气馁的一个原因，就是期待孩子会有和我们一样的标准：

我们觉得良好的生活习惯很重要，就觉得孩子也应该这样认为；

我们觉得打好扎实的学习基础很重要，就觉得孩子也应该这样想。

我们的信念是人活着就一定要努力，不努力就不能创造自己想要的生活；孩子呢，他们成长在物质丰裕的年代，好的生活不需要他们努力也照样能够获得。所以有时候，孩子自己觉得挺正常的、挺好的，而我们却觉得孩子不够自觉。

举几个日常的小例子。

以完成作业来说：

家长的期待：孩子绝大多数作业都在学校完成了，回到家之后似乎无所事事。而我们希望孩子能主动去预习、复习，

甚至主动去查缺补漏和做能力扩展。

孩子的期待：作业在学校我已经完成了，现在我只想在睡觉前做一些我自己想做的事情，不管是运动还是玩游戏。

以早晨起床为例：

家长的期待：听到闹钟响，就要立马起床，迅速穿衣服、洗漱，最好还可以晨读一下，一家人吃早餐。

孩子的期待：听到闹钟响了，还想蒙头再睡十分钟，坐起来再发一小会儿呆，释放一下起床气；在一种不催不急的状态下，慢慢地穿衣服、洗漱；早餐能吃多少就吃多少，吃不了就带着，少吃一点也行。

以平复情绪为例：

家长的期待：孩子不高兴，我来给你讲几句道理，道理讲明白了，你就应该懂得该怎么做，接下来马上多云转晴、该干吗干吗。

孩子的期待：我不高兴，我需要爸爸妈妈陪着我说话，理解我，给我一小段时间，让我心情自然地平复下来，等我真的准备好了的时候，我会去做我需要做的事情，但一定要给我时间。

什么是一个小学生做不到的自我管理能力呢？

在未经教育或引导的前提下，就对自己有着自然的要求，想要积极上进或者很努力；

完全不用提醒，就自己主动完成自己的学习或计划中安排的事情；

如果做得不好，或者偶尔有遗漏，能够有清晰的自我反省，并且自己就能想到下次该怎么去改进；

只要下了决心，表明了态度，或者在和父母的商量中承诺了"好的"，就代表着后面就一定可以不折不扣地完成；

当遇到困难或者难以坚持的时候，他们会记得自己的承诺或计划，会像一个成年人一样有对自己的要求，而不会整天只想着玩；

……

这些，都是一个小学生达不到的自我管理能力。如果我们对于以上的内容，内心有着非常明确且执着的期待，我猜这个期待大概率会落空。

孩子，终究只是一个孩子，他需要学习、需要练习的东西还很多。上面的这些要求，就算是放在一个成年的家长身上，也未必可以做得到。

所以，我们尝试改变的第一个看法是：当孩子委屈，我们不满意时,并不是我的孩子没做好,可能只是我和孩子之间,对自律这件事的标准或期待不一样。

2.孩子没有了学习之外的期待

回想我们还是孩子的时候,什么时候会早早地睡、早早地起来,完全不需要大人的提醒?一定是生活中有什么值得期待的事情在等着我们的时候。

再来看看现在的小学生一天的日常:

早晨,睡眼蒙眬的时候,担心孩子上学迟到自己上班迟到的我们,就开始各种"快点、快点"地催:快点穿衣服,快点刷牙,快点吃早餐,快点出发……这些"快点",并不真的代表着孩子们有多慢,而只是表明我们自己内心有多么焦急。

伴着"快点、快点"的提醒,孩子来到学校,一整天,上午上课、中午午休、吃饭,下午上课,然后放学。

大人下班了,可以把上班的事情先放一边,而孩子们放学了,即使因为双减,在学校完成了大部分的作业,却还是不能把学习的事情完全放一边。练字、阅读、运动……有的家长甚至会给孩子额外布置作业。好不容易,夜深了,睡着了,等待自己的,又是一个同样的第二天。

如果你是孩子，这样的一天当中，值得你期待的片段有哪些？

每个人都有自我意志，如果孩子整天都活在我们安排的计划里，他就失去了那份想要积极主动的动力了。

怎么办呢？

我们需要让孩子生活中多一些学习、作业之外的期待，多一些孩子个人的爱好和兴趣，这不是讨好孩子，不是和孩子交换，而是对一个人的尊重。一个孩子只有活出自己的意愿，才会激发出骨子里向上、向好的本能。

所以，我们可以尝试改变的第二个想法就是：不是我的孩子不自律，自觉性不高，而是在孩子现在的体验中，真正值得他们内心期待的时刻太少，我们需要恰当地尊重和实现孩子的个人兴趣和意愿。

3. 看上去对自己没要求，可能是被打击得太多

我曾经和一个孩子聊天，孩子微胖，身边亲近的人都觉得他懒，能坐的时候就不站，能躺的时候就不坐。

我问他，当别人说你懒的时候，你心里是怎么想的？

他说："很无力，我很想去做一点什么，但是迈不动脚步。从我出生到现在，我做什么，我妈都说没做对，要来给

我纠正；我爸爸干脆说，我对你没什么指望，十八岁以后我就不管你了。

我真的想要学习好，想做好，哪怕是证明给他们看，但我真的很无力，很茫然，到底我该怎么做？"

我们以为批评能够让孩子"知耻而后勇"，却不知道，在一天一天的批评和指责当中，孩子向前迈进的力量，也一点一点地消失了。对于自己到底如何做，也更加茫然了。孩子们还没有开始行动，就需要预先想好，一会儿当父母来打击贬低我的时候，我该如何反击或者证明自己。很多的精力，就在这样的心理中被消耗。

我们与其担心"孩子对自己这么没要求，将来可怎么办"，不如去反思一下：是不是我在和孩子相处的过程当中，让孩子感受到过多的无力，以至于当他想要做任何行动时都觉得异常艰难？

我们要相信，没有哪一个人，来到这个世界上是真的愿意放弃自己的，除非他深刻地体验到"向前走太难了"。

所以，我们可以尝试改变的第三个想法就是：不是我的孩子对自己没有要求，而是他在行动的过程中，被否定得太多，被肯定得太少，以至于孩子没有力量想要积极主动地努力了。

二、如何设定小学不同阶段自律的标准

我们需要明白：不同的孩子、不同的时间段，可以做到的自律的标准是不相同的。

首先，我们从年级这个维度，来看看不同的孩子，能够具备的常规可参考的标准。

小学1~2年级

阅读：从父母给孩子读书，过渡到能够独立阅读；从阅读图画书，过渡到阅读文字书；

表达：对于所听到的内容能够复述、表达、角色扮演；

时间：对于时间顺序、早晚等已经有了清晰的意识；

课后练习：对于课后复习和练习作业有意识，但并不一定能够全部记全；

自理能力：自己洗漱、洗澡，有自己整理书包的意识；

学习兴趣：保持对学校学习的兴趣和向往；

决策：自己选择自己的衣物、文具；可以对自己的兴趣，在2~3个选项中做决策。

小学3~4年级

阅读：可以接受和消化科学、推理、侦探类阅读，能够对阅读内容有总结和抽象思维能力；

表达：对于具体的场景细节，可以清晰表达和转述；

时间：对于时间长短等已经有了清晰的意识，并且知道区分重要和优先的事情；

课后练习：能够记录或记住完整的课后练习；

自理能力：能够整理房间；愿意参与计划日常作息时间；

学习兴趣：从学习兴趣到关注学习成果；

决策：愿意表达自己的意愿，并且期待自己的意愿得到实现，没有得到实现时也能够妥协和接受。

小学 5～6 年级

阅读：思维能力继续提升，开始有结构和框架的意识，有一定的思辨能力；

表达：对于主题性的交流谈话有需求，并且具备交流的能力；

时间：对于时间的理解和规划不再局限于天，而是可以以周或更长的时间为单位来安排；

课后练习：对于课后练习已经有牢固的意识，且对于未来的学习开始有意识的规划和准备；

自理能力：能够整理房间；承担合适的家务；

学习兴趣：从关注当下的学习成果，到关注未来的学习规划；

决策：非常需要表达和呈现自己的意愿，不愿意妥协。

这是以大部分孩子呈现出来的规律总结而来，并不代表所有的孩子都符合这个标准，有的孩子发展较快，有的则较慢，每个孩子都有自己个性化的节奏，我们切忌拿自己的孩子，往这个标准里面生搬硬套。

前面是以年级这个维度来讨论孩子能够做到的不同标准，接下来，我们来看，在做同一件事情的不同阶段，孩子所能够做的也是不同的。

我们以小古文学习为例来看看孩子自律性的发展变化：

第一阶段：

当一个孩子因为参观、游戏、看了一场与国学传统主题相关的电影等，萌生了好要好好学习传统文化、小古文的想法。

这就是主动性的萌芽阶段。孩子所体现出来的就是表达出自己想要学习的意愿。

第二阶段：

在孩子的意愿驱使下，家长和孩子一起去选课试课。在试课的过程中，经过一次或几次体验，最终选定了一个班。在开始的几周，多数孩子能准时上课，主动按时完成作业。

少数孩子需要家长适当提醒或帮助才能完成作业,这也是正常的。

这是从兴趣走到实际行动,在行动最初期,孩子还保有好奇心或新鲜感。孩子所体现出来的,就是愿意主动学习,或者稍微提醒能够做到正常学习。

第三阶段:

学习了一段时间之后,孩子对于学习和课后的巩固练习都已经适应了,这时就不太需要家长总是提醒了。如果在学习已经进入正轨之后,孩子的上课、练习完成还需要家长提醒,那需要提醒家长注意,这里面一定有原因,或者是孩子的,或者是老师的,更或者是他们之间的磨合与适应还没有实现。

这是真正的有效学习展开和持续的阶段。孩子在这个过程中的表现,要么就适应得很好,不断地感受到自己的进步;要么会有些反悔和懈怠,这个时候家长就要及时找到原因在哪里,和孩子一起克服困难,继续向前走。

对于自律,我更期待我们具备的意识是:自律的状态是因人、因时而异的,但最终孩子是不是自律,是和这个孩子做了多少有效的练习最直接相关的。所以,当我们想要孩子自律时,不妨先陪着孩子多做一些有效的练习。

三、自律的形成，需要一个较长的过程

在我们帮助孩子形成自律的过程中，我们需要做好一个心理准备：即使我们有正确的观念，并使用了正确的方法，但这并不等于自律的行为马上就会出现；良好习惯的形成不是一朝一夕的事，一定会有反复。需要我们在练习的过程中，对孩子不断支持、提醒、调整、再练习，如此循环、重复、推进，孩子的能力才会形成螺旋式的上升。

我在第五章第一节（174页）举过一个例子，12岁的小女孩建立了一个惯例表，一个星期的大多数时候，她都可以按照惯例表执行自己的计划，但是周末的时候，孩子做不到了。

当孩子出现反复的时候，作为父母，我们的作用是什么呢？提醒孩子执行计划，或者观察一下这个计划是不是需要做一些调整。而小女孩的妈妈却认为"这个惯例表没有什么用，我的孩子不值得我信任……"

事实上，一个孩子，自己主动定了一个调整生活作息的目标，在一个星期当中有五天都做到了，周末时因为状态放松没有做到，就被妈妈全盘否定，表达出"她做不到，一过周末就打回原形，我根本没有办法再相信她"这样的意思，对于一个正在练习一项新技能的孩子来说，真的有失公平。

练习一项新技能，本身就会有一个不断磨合与适应的

过程，从来都不是立刻、马上、百分百完成的过程，我们内心需要清楚这一点，并且知道不能一蹴而就是再正常不过的状态，也要知道，只要开始就是了不起的变化。如果我们不清楚这样的规律，就会严重误会孩子，大大挫伤孩子的积极性。

在和孩子练习自律的过程中，我们对孩子有怎样的期待，是恰当合理的呢？

- 当我们用相互尊重的态度和方式，和孩子交流与他相关的话题时，孩子愿意认真对待，并且参与讨论；只有当我们先去尊重孩子的时候，才能迎来孩子的尊重和配合。
- 在计划或者约定形成的时候，孩子会提出自己的思路，当自己的思路得到尊重的时候，孩子内心会对这件事情开始有意识。
- 明白能力的形成需要一个长期的练习调整的过程。在最初的阶段，孩子能够积极主动地面对这件事情，愿意参与，有自己的想法，就是非常不错的状态了。我们切忌认为和孩子达成了约定，孩子就会立马全部执行，这样的期待是不恰当的。

上面这些，就是我们对孩子的自律形成一个相对可能的期望。对于孩子的成长支持，我们始终是在孩子身边一个或远或近的距离里观察，当孩子不需要支持的时候，不靠近、不干涉；当他们需要支持的时候，及时出现。

如果我们看到孩子的生活习惯不好，内心很着急，期待着通过一次沟通、做一次生活习惯表，就可以在短期内马上看到一个习惯完全不同的孩子，这是不切合实际的期待。我们若是带着这种期待，只会更加失望、更加焦虑。

孩子的个性化意愿越是被父母所了解，所重视，不急于和外界去比，在充分了解自己孩子节奏的基础之上稳步前进，孩子到后面越会后劲十足。

第二节

几岁开始培养自律更好

孩子在成长过程中,有很多的关键期或敏感期,那自律的培养也有关键期吗?我们是在孩子幼儿园阶段就开始有意识地培养,还是到了小学的某个阶段再开始?哪些时间段,做哪些练习,会比较恰当?

一、孩子已经有较为清晰的时间意识

从某种角度来讲,自我管理能力,就是一个人的时间管理能力。但不同的孩子,对时间的敏感度是不同的。

有时候，我们催孩子："还有5分钟就得出发了，你赶快吃饭，要不就迟到了。"可是孩子很有可能根本不知道5分钟是多长时间，也不知道他吃完一顿饭需要多长时间。

有些孩子会说："怎么我一玩起来，时间就过得那么快；一学习，时间就过得那么慢。"这就是孩子开始对时间有了感觉，但是对5分钟到底能完成哪些事还没有准确的认知。

而有的孩子，很小就知道看时间，就有时间的意识。对时间的意识，又分为对时间的早晚意识、时间安排的顺序意识、时间长短的意识等。

一位妈妈说自己在早上特别容易发火。

"快一点，现在只有不到半个小时了，我们还要刷牙洗脸吃饭，来不及了！"但通常这时候孩子仍然不紧不慢，甚至从床上起来又躺倒在沙发上。

在课堂上听到"孩子与时间敏感度"这部分内容时，这个妈妈恍然大悟，孩子那么不着急，十有八九是他真的对时间没有概念。

回到家，妈妈和孩子聊天，问孩子："每天早晨，妈妈那样催的时候，你的感觉是怎样的？"

孩子说："很烦。"

妈妈说："会不会觉得很急，想要快一点？"

孩子说:"我们练习跳绳的时候,你说练半个小时,我觉得半个小时很久,可是早上你说来不及了,只有半个小时了,我就觉得不用着急。"

妈妈这才意识到,对于十分钟、半小时到底是多久,孩子真的没概念。

于是妈妈开始带着孩子补他在课堂上没学到的功课,到图书馆去找到一些认识时间的立体书,用沙漏等工具去实实在在地和孩子一起体验,一分钟是怎样流逝的,去感受二十分钟可以做哪些事情,去比较经过同一路段,不堵车的时候是多长时间,而堵车的时候需要花费多长时间……

在这个过程中,孩子一点一点去认识时间、感受时间,逐渐对时间有了清晰的意识。接下来的生活中,妈妈再遇到因为时间原因需要孩子合作的情况,孩子都会更配合了。

二、孩子能理解"我为什么要做时间计划表"

我们大人都很清楚,孩子的生活作息有规律,对孩子的成长非常重要,但是孩子自己知道吗?又理解多少?尤其是当马上要让孩子做的这件事还只是一个计划,并没有成为真实体验时,孩子如何有动力并且真的有意愿来付诸行动呢?

答案是：我们要通过自己的理解和表达，帮助孩子理解，制定生活习惯表，可以给他们带来什么样的益处。

这个益处，不是我们站在自己的角度，想当然地讲道理，而是让孩子实实在在地感受到，建立生活习惯表这件事对于他自己来说，是一件切切实实的好事。

在课堂上，有一类提问频繁出现：老师，我很奇怪，明明当我们有了良好的习惯之后，我们就可以多出来很多的时间来做自己想做的事，可孩子为什么不懂呢？

当我们看不懂孩子的行为，觉得孩子的行为"莫名其妙"的时候，很可能需要我们尝试着更多地去体会孩子的感受。孩子的感受有时候和我们的感受一样，有时候不一样，关键在于我们有没有体会到。

如果我们期待某个问题，自己讲一遍孩子就懂，那么，当看见孩子的行为实际没有做到时，我们就会觉得看不懂孩子。背后的原因，其实是我们一直站在自己的角度和立场考虑问题，考虑的是自己的感受、自己的需求，并没有真正站到孩子的角度去考虑、去体会。

在制定习惯表时，"父母认为应该做的事情"清单是很容易列的，可以列出很长很长，"孩子觉得想要做的事情"

清单则很容易被省略或者被修改。因为我们不能站在孩子的角度考虑时,孩子的想法并不被真正看见和理解。

孩子还小,有很多的能力需要从大人身上学习,理解他人的能力也是,只有在自己被他人理解之后,孩子才会慢慢地习得这种能力。

我们来看两位不同的家长,是如何和孩子交流"制定日常习惯表"这件事的。

第一个家庭:

孩子信息:贝贝,女生,小学一年级

家庭背景:妈妈是控制型,且自省能力不强。学习育儿时间较长,但都是碎片化的方式,没有系统地学习,但妈妈对自己的育儿能力自我评价较高,实际生活中的育儿挑战较多。

妈妈:贝贝,妈妈觉得平时早晨你的效率太低了。

贝贝:没有啊,我没有觉得呀。

妈妈:你就是这样,你总是不急,但是妈妈会迟到啊,妈妈迟到就不关你的事了吗?

贝贝:(眼神茫然)

妈妈:这样下去,妈妈上班就会挨领导批评,就赚不到钱给你买想要的东西,你也不希望这样对不对?

贝贝：嗯。

妈妈：不想这样你就要听话，就要早晨起床速度快一点，晚上早点睡觉。我们来做个计划表，我们照着这个计划表上的时间，一项一项来做，妈妈就不会生气了。

贝贝：那好吧，我们来做计划表吧。

第二个家庭

孩子信息：墨墨，女孩，小学三年级

家庭背景：在小学一二年级，墨墨没有参加学校的校外拓展课，但是进入三年级时，墨墨被选入学校的校舞蹈队，每周有两天下课之后要排练，家里人一下子就感觉时间不如前面两年那么充裕了。妈妈和孩子相处融洽，系统学习育儿有超过一年的时间。

妈妈：墨墨，妈妈意识到有个事情，需要和你一起来商量，甚至需要你一起来帮忙。

墨墨：什么事情呀，妈妈？

妈妈：你有没有觉得，这个学期以来，我们家放学之后的时间变得急乱了很多，有很多想做的事情都没有时间去做了？

墨墨：是的，昨天我们的手工时间就没有了。

妈妈：妈妈这几天一直在想，这个变化的原因是什么，后来妈妈想到了,是因为这个学期放学之后,我们要完成的事情,和上个学期不一样了。事情已经变化了,但我们还没有反应过来,还是在用以前的方法对待我们的时间,这样我们就有点顾不过来的感觉了。

墨墨:是的。每周都要参加两次学校舞蹈队的排练,那个时候,我其实饿得肚子咕咕叫,好想回家吃饭。

妈妈:噢,原来除了妈妈感觉到时间忙乱之外,墨墨也会有感觉不好的地方,会肚子饿。我想,为了让我们的时间能够更有条理,你也不会挨饿,我们想做的那些事情,比如做手工呀,玩游戏呀,这一类的时间能够尽可能地保证,我们好好地来计划安排一下,每天放学之后我们的时间要怎么安排,好不好?

墨墨说:好呀。

前面贝贝家,表面上,妈妈是在和孩子友好开放地沟通,但本质上,还是将自己的意志和感受强加给孩子,并试图通过调整孩子的行为,来达到自己的期望。这样一来,出发点没有落在为孩子着想上,孩子体会不到,可能也会不明白,妈妈和自己商量的这个事情,价值在哪里,为什么要去做?

后面墨墨家,妈妈很客观地描述家里的时间变得忙乱了一些，但是没有把责任扣到孩子的头上，并且关注了孩子的感受，孩子体会到了，我们一起去做这件事，是为了让彼此都更加从容有条理，是为了让彼此感觉更好一些……当我们站在真心实意地为了孩子好、客观理性地看待事情的角度时，孩子瞬间也变成了懂事合作的小天使。因为孩子理解了做这个习惯表，对于自己的时间安排来说，是真的有帮助的。

所以，决定孩子能不能合作的，不是运用了什么样的方法，而是我们在做一件事情时的起心动念是怎样的。

第三节
自己制定的规则更容易遵守

一个人更愿意遵守什么样的规则？是外界直接通知的，甚至强加的，还是自己参与制定的规则？

答案显而易见，自己参与制定的规则，遵守度会更高。

我们和孩子商量的生活习惯，在讨论和制定的过程当中，需要怎么做？具备一些什么样关键特质的生活习惯，孩子会更容易做到并保持呢？

一、计划中既有父母认为"应该"做的事,也有孩子"想要"做的事

1. 计划表不能只体现我们自己的意志

如果生活习惯表上只有我们认为应该做的事情,那对于孩子而言,就算自己做得再好,也并不一定是自己内心想要的;

如果完全按照孩子的意愿来,想干什么就干什么,那也不行,孩子对于规则和界限的学习,都还在一点一点的积累当中,并没有成熟到能决定所有的事;

习惯表的制定,就是要在"应该做"和"想要做"这两者之间,取得一个平衡。

小女孩芊芊每天到点都不愿意起床,不愿意起床的原因很简单,就是晚上睡得太晚。

芊芊非常喜欢芭比娃娃,以前读幼儿园的时候,玩一玩呢,妈妈觉得还可以接受;但是进入小学之后,妈妈一方面觉得有点耽误时间,另一方面也觉得这样的玩具不适合小学生玩了,所以,就不断地阻止芊芊玩。

芊芊就会在关灯睡觉之后,把芭比娃娃一个一个带到被窝里,给她们讲故事,和她们说话,一不小心,就睡得很晚。

妈妈非常生气。

在课堂上,听到"生活习惯表当中,不仅要有父母认为应该做的事情,同时也要有孩子内心想要做的事情"时,妈妈内心就有了疑问:"如果孩子想做的事情也要体现的话,那她一定会安排玩芭比娃娃的时间。"

我说:"那你能够接受吗?"

芊芊妈妈愣了一下,说:"我不太愿意,但是,也可以尝试一下。"

第二个星期的家长课,芊芊妈妈带来了课后练习的反馈。

首先,妈妈向芊芊表达了"如果你真的很喜欢和芭比娃娃一起玩,那我们就商量好时间,你就大大方方地摆在你的桌子上玩,不用躲在被子里玩"。

然后她们商量好了,做完作业之后,九点半睡觉之前,她可以有20分钟玩芭比娃娃的时间。

仅仅只是做了这一个小小的调整,芊芊妈妈就看到孩子一连串的变化:吃饭不再是含在嘴里半天不嚼不吞了,吃得更认真了;写作业不需要催,对于时间的把握,比爸爸妈妈更加在意了。当和芭比娃娃一起玩得很开心时,也会邀请爸爸妈妈一起参与进来,一起编故事,一起表演不同的情节。

芊芊妈妈说:"只是做了一个这么小的调整,就收获了三不操心——吃饭不操心,写作业不操心,睡觉不操心。果然,孩子的意愿还是需要尊重,而不是家长做太多强制的安排。"

2. 完全按孩子的意愿来也不可取

我们的生活习惯表当中,有的家长完全被孩子牵着走,完全按照孩子内心所想来安排。

完全尊重孩子内心所想的家长,在实践练习的过程当中,更容易出现感觉忐忑、不确定的时候,明明自己内心不能接受,但因为心里没底,也不能明确地拒绝。

到底如何把握这个"度"?

所有的育儿方式,当自己不太能抉择的时候,去想一想,这个做法是不是我自己能够发自内心接受的?是不是我的孩子也发自内心愿意接受的?如果两个都符合,那皆大欢喜。

如果有一方不能接受,没有关系,继续商量,继续寻找第三种可能的解决办法。如果我们感觉自己此前的控制和包办过多,想要尝试着练习让自己可以接受的度放宽,那么,就带着这种不舒服去体会、去适应,就好。

如果我们真的觉得自己内心接受不了,那就诚恳地和孩子说:这样的安排,妈妈内心还不能接受,我们需要再商量一下,讨论出一个我们都能接受的安排出来,好吗?

有效的养育既不是控制,也不是迁就,而是相互尊重,父母尊重孩子,孩子尊重父母。

二、由孩子来决定先做什么

根据上面的步骤,我们和孩子讨论完有哪些事情需要做,有哪些事情是孩子自己想要做的,用清单列下来。

这看似一个清单,实际上列下了两个清单:需要做的事情清单,和想要做的事情清单。

这些事情如何安排,时间长短,哪个先、哪个后,可以尝试着多听取孩子的意见,多尝试着由孩子来安排、来决定。有些决定不一定在最开始就是合适的、正确的,但也未必一定是错的,合适与对错与否不是重点,重点是让孩子有参与感、掌控感,孩子才会体验到"我是有机会、有力量来决定一些事情的"。

有的家庭可以接受的尺度会宽一些,只要你在时间内都完成了,哪个在前、哪个在后都是可以的。

孩子的安排和我们的想法不一致,这不代表谁对谁错,只是说明孩子和我们之间的想法不相同而已。帮助孩子在过程当中慢慢地修正自己的想法,这才是从体验中学习的最大魅力，看到差异的存在，不是一定要急着去说服谁。

睿睿，小学三年级。

爸爸妈妈和睿睿一起做了生活习惯表，其中有一项是爸爸陪孩子玩30分钟卡片。睿睿想放学后就玩卡片，但爸爸妈妈觉得玩卡片没有其他事情重要，所以安排在睡觉前。在执行的过程中，也常常因为到了睡觉时间而大打折扣。

这份习惯表执行两个星期后，就出现了一个挑战，那就是孩子写作业变得越来越慢，越来越拖延。

爸爸妈妈跟睿睿聊这个问题，睿睿说："没动力，反正只要写慢一点就没办法痛快地玩一次卡片。"

爸爸妈妈于是按照睿睿的建议，把玩卡片的时间调整成为放学后的第一件事。仅仅是做了这么一个先后调整，爸爸妈妈惊讶地发现，不管是吃饭、完成作业还是洗漱，睿睿都更高效了。

孩子在自己感觉好的时候，就会更容易生发出积极向上的想法。

三、确保孩子理解了全部计划

当一份日常习惯表商量讨论出来了，也排了时间的先后顺序，接下来，要用孩子能够理解的、方便提醒的方式呈现出来。用什么样的方式呢？

在我朋友圈当中，我经常看到很多这种版本的时间作息表：

6:30	起床
6:40—7:40	适当锻炼，吃早饭
7:40—8:20	背单词
8:30—11:40	复习数学，注重课本上的基础，做适当练习
11:50—12:20	吃午饭
12:20—13:20	午睡，午睡不可超过一小时（严格执行）
13:30—17:00	复习英语，扩充词汇量，提高阅读速度
17:00—18:00	吃晚饭，休息
18:00—22:00	复习专业课，注重基础知识的理解和掌握
22：00—23:00	洗澡，休息
23:00—23:30	背单词
23:30	睡觉

家长帮孩子用电脑表格一排版，一打印，往墙上一贴，就觉得"嗯，齐活了"。但是，我们站在孩子的角度看一看，这样一份表格，孩子看了会是什么感受？是能够清晰地提醒他们，还是看起来就很困难？

生活习惯表是给孩子用的，我们看这个表格顺不顺眼，其实没有那么重要，重要的是，孩子看这个表格是不是清晰明了。

我们来看下面两张图：

 宝宝作息时间表

7:40	Put clothes（穿衣服） Brush teeth（刷牙）
7:55	Drink water（喝水） Breakfast（早饭）
8:20	Go to school（上学）
17:30-18:20	Homework（做作业）
18:30	Have dinner（晚饭）
19:00-20:50	Play（玩耍）
21:10	Bath（洗澡）
21:30	Sleep（睡觉）

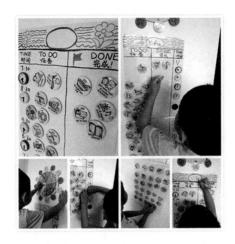

是不是这样的计划表明显对孩子更有吸引力,互动性更好呢?

站在孩子的角度,花一点时间和耐心去陪伴他们,把前面讨论出来的清单,用可视化的、孩子能够理解的方式呈现出来,这是从计划走向行动中,非常重要的一环。

第四节

如何让孩子有效执行计划

约定好计划了,是不是就高枕无忧了?

当然不是。

现在,是一个新的开始。接下来是走向能力成长的阳光大道,还是会陷入约定无效的恶性循环,是由我们的面对方式决定的。

一、必不可少的试运行期

一个新的生活时间表,有可能非常适合之后的生活安排,也有可能不是那么适合,反而给生活带来负面的困扰。没有去实际体验之前,我们也不知道这个新的生活习惯表,会给孩子、给这个家庭实际带来什么。

愿望是好的，但是结果有多面性，这是我们在心里需要提前就有的意识。

"我们先按照这个计划尝试一周，或者尝试一个月，在实际尝试的过程当中，也许有需要调整的地方，我们就在一周之后，或者一个月之后，再进行调整，好不好？"

"我们现在的这个生活习惯表，可以看成是1.0版本，随着后面实际能力的变化，或者各种实际情况的到来，我们这个习惯表，可能会要升级成2.0版本、3.0版本。"

"在调整和升级之前，我们就按照现在的这个安排，来试着管理自己的时间。"

用轻松的、可商量、可调整的方式，陪伴着孩子一起，把执行习惯表的过程，看成是陪伴孩子一起习得某项能力的路程，将习惯表作为规范孩子行为的一种工具。有了这样的环境，我想，作为孩子，他们的练习也会变得轻松而富有弹性，会真的从细节当中去感受到，爸爸妈妈是有耐心陪着我一起的，而不只是让我听他们的话而已。

二、不当监工

一份计划表确定之后，极少的孩子能够百分之百地完成；也只有很少的孩子完成得很不理想；绝大多数的孩子，完成度会在60% ~ 80%之间。

用本能来育儿的家长，可能一不小心脾气就来了，心想，在这之前，我这么花心思、这么有耐心，结果到最后你还是完不成，于是，就开启喋喋不休的念叨模式。被本能驱使的状态下，我们会忘记了，此时此刻我内心真正要的是什么，而我又在做什么；我所做的，对我内心想要的有没有帮助？如果稍微理性、平静一点，不被自己的本能和情绪所淹没，那么我们关注什么，就成为了可以选择的事情。

我们可以选择去关注孩子做到了的那80% ~ 90%，也可以选择去关注那没有做到的10% ~ 20%，这两种选择，带来的结果截然不同。

人的心理有一个规律：你关注什么，什么就会放大成全部。

我们关注那些没有做到的部分，心里的想法就会像这样：说了的没有半点用。我们关注那些做到了的部分，眼睛里所看到的，可能就都是孩子的变化和进步，相比之前，现在的状态也不见得是让人满意的，但不可否认是有进步的。

如果我们把自己摆在监工的状态，摆在非自己监督不可的状态，孩子其实很难学会自律。自律的关键，在于自己管理自己，孩子依靠父母过多地管束他们，最后只能形成"他律"，而不是"自律"。

有一位妈妈，不敢给自己的孩子零花钱，一想到学校外面那些三无食品，心里就担心，一给零花钱孩子就会吃垃圾食品，担心孩子乱花钱。

所以，一直到读小年五年级，孩子都没有零花钱。孩子想要买什么东西，每次都要从父母手上要钱，而且要的过程很艰难。

在这种状态下，孩子能学会自己管好自己的钱吗？显然是不太现实的，因为孩子根本就没有练习的机会。练习的机会只有一种，就是让孩子自己有管钱的体验：我拥有了自己可以支配的钱，我可以用这个钱去买任何我自己想买的东西。

孩子在自己管钱的过程中，也许会有我们眼中所谓的错误发生，比如钱一天就花光了，比如买了一些性价比不高的东西，但孩子有了自己花钱的切实体验，过程中孩子会自然而然地领会到一些东西，这个过程中慢慢形成的，才是自我管理能力，而不是依靠外界的约束才能控制的能力。

三、约定简短有效的提醒方式

1. 要有约定和跟进的意识

我们要培养孩子的自律,但不代表他律就完全不要了。就像"应该做"和"想要做"一样,"培养孩子的自律"和"外界适当的他律"这两者之间,我们作为家长,也需要找到一个平衡。

如何找这个平衡?如何让外界的提醒依然充满支持和尊重?

就是和孩子一起,真正站在为孩子考虑的立场上,商量在需要的时候,我们用怎样的方式来提醒他们,他们会觉得是有帮助的。我们可以约定一个简短的提醒方式,核心的原则是:支持孩子形成习惯,而不是在这个过程中不断找碴儿纠错。

做完一个习惯计划,在尝试约定简短的提醒方式时:

如果我们跟孩子说:"要是做不到怎么办?我每天负责提醒你两遍,好不好?"这样一开始就给孩子一种不相信他能做好的消极预设,那我们跟孩子做的所有沟通都可能是徒劳且让孩子反感的。孩子会因为不被信任,心生沮丧:既然你不相信我,那就你来提醒吧,反正不是我的事情。

不管孩子选择了直接放弃,还是想要努力证明自己,我们和孩子之间都开始了内耗,而不是关注在习惯练习这件事情本身。

如果我们这样说:"宝贝,以妈妈自己的体会来说,当我制定了一个计划,有时候能够完成得很好,有时候也完成得不太好,这都是正常的。当我完成得不太好的时候,我就尝试着找到一个人来给我提醒,我在想,在你后面练习新的生活习惯的过程中,是否需要妈妈在旁边有一些适当的关注和提醒呢?如果没有做到,妈妈可以提醒;如果做得很棒,妈妈也要把自己看到的告诉你呀。"

我想,孩子听到这样的话,更多的感受是:爸爸妈妈在设身处地地为我着想,愿意尊重我、耐心地陪着我把事情做好。

这个时候,孩子会更愿意去跟我们合作。

我们跟孩子之间,可以用游戏的方式,约定一个小暗号,当孩子做不到的时候,我们可以用这个小暗号来简短地提醒孩子,不需要重复,也不要太复杂。采用什么样的暗号,可以由孩子来想,只要是可以实现的,就去尊重他的创意。

2. 提醒的方式要明确、具体、简洁

有家长在练习的过程当中，会产生这样的疑问：

我们家的习惯表实行了两天，孩子就不愿意了，说我太烦了，念叨比以前还多些了。我也奇怪呀，明明在制定规则的时候问了她，要不要妈妈提醒你，她很干脆地说要，我就提醒，结果倒好，反而嫌我烦了，我现在到底是提醒呢还是不提醒呢？

这时候，我一般会邀请家长去回看：

我们有没有和孩子商量是否需要提醒？

提醒的方式和时间点有没有明确？

在这个过程中，是我们自己方面单方面的想法，还是有和孩子达成共识？

如果没有和孩子一起商量约定的方式，没有一起明确哪些时候要提醒、哪些时候不要，那这件事双方都会有自己不同的理解，就会出现大家的期待值不一样。有时候孩子觉得还好，但家长已经受不了了。

所以，约定不能过于笼统，要尽量具体。要把这些提醒的细节，比如在什么时候需要提醒，什么时候不需要提醒，用什么样的方式来提醒，在提醒时如果有一些其他的情况出现该怎么办……这些问题需要商量得清晰一点。

有一位妈妈和孩子是这样约定的：孩子每次上完在线英语课就会忍不住玩游戏，但孩子和家长约定了在那个时间是不玩游戏的。如果孩子上完英语课，直接就关了电脑，家长当然不需要提醒；但如果孩子上完英语课，不自觉地打开了游戏，这个时候，妈妈就需要提醒，提醒的时间是下课之后的五分钟以内。所以，刚结束上课之后的那五分钟，是家长需要重点去留意和关注的。

提醒的方式就是简单的几个字：时间到了。

她们还会约定，如果家长提醒的时候，孩子因为想玩游戏，不想结束，这个时候怎么办？她们的约定是：妈妈来抱一抱孩子，说，真是讨厌，没有时间玩游戏。这样和孩子一起吐槽一下，孩子就会开心很多。

同时，当孩子能够做到的时候，不管当时她开心或不开心，妈妈都要及时肯定，而不是抱怨或指责。当有指责的声音出现的时候，她们桌上有一盒创可贴，孩子就可以指一指创可贴，提示妈妈，现在你的话有点多了。

在这里，我们能够看到，什么时间提醒，最关键的时间点在哪里，用什么样的方式提醒，提醒的时候如果双方有人不高兴，或者有人说了难听的话，都是有对应的办法的。

商量得越细致，就会在实际跟进的时候心里越明确，越有底。

3. 始终记得尊重孩子的意愿

还有家长会问：老师，我是按照课堂上所学的，一步一步和孩子商量好了新的生活习惯，可孩子全程没有太多发言，最后问他怎么样，他说"好的"，可结果呢，跟没有制定一样。我该怎么办呢？

如果孩子全程没有太多发言，那估计是孩子没有感受到有真正发言的机会，我们可能表面看上去民主，但实质上还是以控制为主。有时候孩子说了"好的"，背后的潜台词是"今天的聊天快点结束吧"，孩子并不是真正在表达"我愿意"。

我们需要去觉察当时讨论的氛围，是一种真正的讨论，还是只是我们自认为是民主的，但实际上孩子感受到的却是控制。

如果在一开始孩子就不情愿，就不乐意，那其实等同于这个习惯表并没有制定。

假如我们感觉现在做不到友好融洽、孩子真正愿意表达，怎么办？

很多时候我们都会有个误解，认为学会方法之后，立马就有了"搞定"孩子的武器;其实不然,方法不是搞定孩子的武器,而是有效支持孩子的不同方式。在接触到一个方法之后,我们有没有深入地理解、恰当地自省,就决定了方法是浮于表面的控制,还是落在实处的支持。

在练习自我管理这条路上,真正手握方向盘的人是孩子,我们不过是坐在副驾驶位置提供支持的教练。

四、"有一次没做到"怎么办

忘记了怎么办?一次没有做到,怎么办?

当孩子忘记了,或者一次没有做到,其实非常考验我们。

错误是学习的好机会,这是正面管教核心理念之一,这几个字,或许我们读幼儿园的时候就听过,但是否真的这样做了,却不见得。

有一次,我组织了一次亲子情商课。

首先,我邀请家长站成一列,旁边有从一到十十条线,家长可以走到不同的线那里,表示自己内心的打分。

当我问,"在你的内心,你有多么认同错误是学习的好机会?"很多家长都走到了八分、九分甚至是十分的地方。

工作人员把这个画面,拍照记录下来。

与此同时,孩子们在另外一个教室,做同一个练习。老师问孩子们:"在你心里,你有多么相信,你的爸爸妈妈认为错误就是学习的好机会?"孩子们想了一想,大部分都走在五分之内。同样,工作人员也留下了一张照片。

两张照片摆在一起,家长一片哗然。

很多家长都陷入了沉思,原来我们自己认为的,和我在生活中表现出来的,并不一定是一致的。更没有想到的是,两者之间的差距居然这么大。

是的,错误是学习的好机会,不是我们喊几句口号、记几次笔记,就是践行了,而是应当真正把这句话消化、融入自己的思维里,在自己的一言一行当中表现出来。

10岁的娜娜在假期里,开始尝试练习制定和执行生活习惯表。

对于她自己喜欢做的事情,完成的情况自然是不用担心,比如和爸爸下棋啦,到楼下和别的小朋友一起玩啦……但对于练习钢琴这件事情,之前就坚持得不太好。新的习惯开始了,娜娜每天练习的时间和之前保持一样,每天40分钟。

那些不好的习惯,并不会因为制定了一张新的日常习惯表而立马消失。但是,娜娜爸爸知道,这需要时间。娜娜练琴时有一个不好的习惯，就是不能连续坐下的时间太久，一超过10分钟，她就好像屁股下有刺，总会找个事情起身，喝水啦、上洗手间啦、想放松一下啦……这样40分钟下来，真正有效练琴的时间不会超过25分钟。这些，爸爸都看见了。

在娜娜又一次起身的时候，爸爸没有像以往那样责骂她，说她怎么老也坐不住，而是很轻松地看了一眼孩子，就好像什么都没有看到一样，继续看自己的书。40分钟琴练下来，娜娜自己觉得不习惯了。

她去问爸爸："爸爸，你今天为什么练琴的时候不再凶我了呀？"

爸爸说："以前爸爸凶你，是爸爸的不对。现在，爸爸也更加能够理解你了，你愿意把练琴的时间安排在这个新的习惯表上，而且时间一点也没有减少，我相信，你是想把琴练好的，但以前的一些习惯，需要一些时间才能调整过来，爸爸陪着你一起慢慢调整就可以了。"

娜娜非常感动，过去抱着爸爸说："我也不知道为什么，就总是想起身，我自己不想这样的。"

爸爸说："是的，爸爸也知道，是你做不到，而不是你要故意捣乱。我们可以试着让自己每一次连续弹的时间长一点，从10分钟，到12分钟，到15分钟，慢慢地练习，不去觉得自己做得不好，好不好？"

娜娜说："好的，谢谢爸爸，虽然我今天已经练习完了40分钟，但是现在，我特别想让你给我做一个10分钟的定时，我看看自己能不能做到专心地弹10分钟不起身。"

爸爸说："好呀。"

就这样，当孩子做得不好的时候，爸爸表达了自己的理解，并且关注于解决问题，从以往不断重复的循环里跳了出来，自己也好，孩子也好，都慢慢地开始了一个新的循环。

一件事情做完之后，这个方法是不是有效，看两个方面：

第一，我们和孩子之间的关系有没有变得更好；

第二，我们和孩子，在处理同一件事情的能力上有没有得到提升。

如果有，就是有效的。从上面的实例来看，当娜娜爸爸把错误真的当成机会时，这样的错误就真的转变成了学习的好时机。

五、父母以身作则，孩子更容易达成目标

有一次和一个六年级的孩子聊天，他说，老师你知道我为什么讨厌我的爸爸妈妈吗？因为他们认为自己很无能，所

以把全部的希望寄托在我身上，我觉得非常不公平。就像有一种鸟，自己飞不高，却每天拼命地叫着嚷着要孩子好好地飞高、飞高、飞得更高。

我们期待孩子做事情主动，不需要大人提醒，能够自己管理好自己的时间和学习，这是对自律能力的期待。

而自律，是一种技能型的能力，就像打球、游泳一样，最终能否做到，才是检验针对这项能力的训练是否有效的标准。

与技能型能力相对应的，是知识型学习。知识型的学习，只要你接触过、听到了，就是学会了，比如很小的孩子，告诉他，一加一等于二，孩子知道了，就等于学到了。

技能型能力的学习，要经历四个阶段：

第一个阶段，接触到；

第二个阶段，学到；

第三个阶段，做到；

第四个阶段，教他人学到和做到，以此帮助自己的能力进一步巩固和提升。

能力习得的规律和四个阶段提示我们，孩子习得自我管理能力最有效也最简单的路径，就是向我们学习。我们是和小学阶段的孩子接触时间最长的人，我们的一言一行，像一面镜子一样,是孩子或有意或无意模仿的来源。

在正面管教的家长课堂当中,有一个非常经典的体验活动,叫作"行大于言"。体验开始之前,讲师会和大家说,请大家照着我说的,和我一起做,但是示范的时候,会特意让自己说的语言和做出来的行为不一样。

有一次,我在学校带了这个体验活动,当我把手放在下巴上,嘴上却说"请大家和我一起把手放在肩膀上"时,所有的孩子,齐刷刷地跟随我的动作一起,把手放在了下巴上。

那一刻,我真的是被震撼到了。

孩子通过模仿来学习,外界环境对他的影响,就是这么直接而简单:他们可能不会特别专注地跟随你语言中提出的要求,但是他们会跟随着眼前所看见的行为,迅速模仿。

我们的行为,从本质上来讲,就是孩子的榜样,只不过,榜样有负面榜样和正面榜样。

假如我们自己对待他人并不是特别热情,也不是很愿意以一种很热情的方式和他人相处,但是却要求孩子见人就打招呼,来了朋友就愿意真诚分享,孩子会怎么做?

假如我们自己每天手机不离手,甚至严重到自己意识不到自己在玩手机,却管束孩子不要玩手机,孩子会是怎样的反应?

假如我们自己对待家里的长辈不太尊重,觉得长辈这里做得也不对、那里做得也不好,却一个劲儿地要求自己的孩子要服从于自己,或者要爱自己,孩子又会从我们的行为当中学会什么?

假如我们自己的东西丢三落四,却要求孩子每天把书包、衣柜收得整整齐齐;

假如我们自己时间观念不强,到了时间就一个劲地催孩子,怪孩子效率不高……

孩子又会学到什么呢?

通过眼睛和其他感官,孩子感受到的是,我的爸爸妈妈给我呈现的是一种行为,但是他们对我的要求好像是另外一种,这两种怎么不一样?我该怎么办?等再大一些,孩子很容易形成父母很虚伪或者不能承担的印象。

如何让孩子"不染"?尽自己所能,去改变背后的环境,让活水进来,让"一潭淤泥"慢慢变成"一池清泉",这个时候,不论你对孩子内心抱有什么期待,孩子从一汪清泉中生长出来,自然也是清新积极的。

关于正面的家长榜样,在这里分享两个孩子的例子。

2018年普迪的湘西夏令营,孩子们都自己带着行李出发,由老师带队,独立生活7天。其中有一个孩子,无论到哪里，行李总是收得整整齐齐的，有不同的收纳袋，哪些装需要洗的衣服、哪些装洗干净了的衣服、哪些装鞋子……孩子清清楚楚。

我们很感慨，一个八九岁的孩子，是如何做到这一点的？

我们问他，这些收拾行李的方法，你是专门学习过吗？孩子很平常地说，我妈妈每次都是这样收拾行李的，我在旁边看着就会了，我觉得这些东西，本来就应该是这样收拾的。

还有一个男孩子，12岁，读小学六年级。

有一次，他的爸爸妈妈带着他，和几个好朋友的家庭相约，一起外出旅行。旅行途中，这个男孩子展现出很多令人感叹的细节。

比如在吃饭的时候，他会安静而主动地帮大家拿碗筷；到了晚上九点半，无论玩得有多么开心，雷打不动地开始洗漱、睡觉；早晨六点钟，准时起来，阅读、晨练，生活作息规律得像是在家里一样。

他的妈妈分享说，从进入小学一年级开始，爸爸就和他保持相同的作息时间，除了出差之外，孩子和爸爸平时晚上同时开始洗漱和休息，早晨一起锻炼、一起阅读……

大概这样坚持了三年之后，孩子的习惯就一直这样保持下来了。更有意思的是，最开始爸爸只是为了陪着孩子、帮助孩子养成好的习惯，到后来，这个习惯爸爸也很自然地保持了下来。

这两位家长，在培养孩子的自我管理能力上，首先的着力点都放在了自己身上，都放在对自己行为的要求上。

一个家庭里，如果所有的物品都有清晰的定位，我们用完之后就放回原处，孩子耳濡目染也会去将自己的东西分门别类地放好，甚至他的小书包，也会分不同的格子放不同的东西。

如果到了晚上9点钟，我们不是一个劲儿地催着孩子刷牙洗漱，而是自己开始动手做这些事情，脏衣服及时地放到脏衣篮或是洗衣机里面，洗漱好了之后，用安定的状态等着孩子，和孩子一起读书、一起聊天，在这样的环境下，自律就会像呼吸一样自然。

也许有家长会问，如果我每天都这样做，孩子却不做，那我怎么办？我想，如果我们做一件事情，不是从完善自己出发，而只是为了做个样子给孩子看，最终的目的还是放在孩子能否呈现行为结果给自己看上面，那我们行为的本质，就只是换了一种形式的控制，这不是榜样。

榜样最大的作用，就在于其巨大的影响力。这种影响力，不在于我如何去改变身边的人，而是我就把自己活成这个样子。我不抱着改变他人的目的去行动,但身边的人会自然地同步受到感染,这就是影响和控制的区别。

不要认为"自律"了几天,就是在做榜样了,不是的,成为孩子的榜样,更像是父母的一种生活态度与生活方式,是一生的事情。

六、如何帮助孩子主动控制电子产品的使用时间

现在,孩子如何合理使用电子产品,已经是很多家庭都要面对的挑战。

电子产品不是洪水猛兽,是孩子们了解世界的方式之一,完全的禁止既不现实,也没必要。但是,如何让孩子认识到电子产品在学习、生活中的作用,如何帮助孩子主动控制使用电子产品的时间,确实需要我们与孩子有更多的沟通,达成一些共识。

我们推荐的做法如下。

第一步:清楚原因。

每个家庭、每个孩子使用电子产品的具体情形都不一样,即使有家庭成员使用电子产品时间过长,背后的原因也各不相同,不清楚原因,眉毛胡子一把抓,往往有可能抓错了重点。

一般来说，以下原因比较常见：

- 家长没有用心陪伴孩子的意识和习惯，会无意识地在孩子需要自己陪伴的时候，用电子产品来让孩子保持安静；
- 家里没有良好的氛围，至少有一位家长自己不自律，整天呈现给孩子的形象就是抱着手机不放；
- 家庭里对于使用电子产品没有清晰的规则，家长管理电子产品使用的方式是要么爆发、要么妥协，没有处于中间位置的和善而坚定。

第二步：做好榜样。

我们如何使用电子产品，对于孩子合理使用电子产品至关重要。如果我们自身对于电子产品使用不自律，想要管好孩子这一点，几乎是不太现实的。

第三步：达成共识。让孩子非常清晰地知道"我能够拥有多少支配电子产品的权利和时间，取决于我在多大程度上能够做好自我管理"。

当做到了前面两步，在这个基础之上，我们与孩子可以试着达成以下共识：

- 可以玩电子产品，但是不过度沉迷。在玩之前，可以给自己设置闹钟提醒，这个时间长度，是提前跟孩子一起约定的。
- 当孩子玩完一局，可以选择不玩了，或者直到闹钟响起，能够干脆利落地把手上的电子产品收起来。
- 孩子可以大大方方地坐在客厅里玩，不需要老鼠见猫一样地躲着父母去玩。
- 在约定的时间里，家长不需要再提醒和念叨。

长此以往，孩子们就能体会到，自己的事情可以慢慢由我自己做主，我所能支配的机会，和我能够管好自己的能力，是有直接关系的。

培养孩子的自律自觉，在这一章，我所列举的事例以及针对这些事例的观点，只代表部分，并不包括所有的情形。在这些分享出来的实例当中，我最期待的是，我们在陪孩子练习自律这个技能时，能够更新一个想法：当我们对孩子的行为不够满意的时候，不要急于去给孩子贴标签、下结论，而是尝试着站在孩子的角度去想一想，孩子现在需要的是什么？我们可以为他们做的是什么？

第七章

变辅导为关注,帮助孩子独立学习

小学阶段，学习习惯固然重要，学习的成果如何，也是另一个检视孩子状态是否良好、学习方式是否恰当的依据。

很长一段时间，关注孩子的考试成绩，以及每天晚上检查并辅导孩子作业，是让家长花费了特别多时间和精力，同时也遇到特别多挑战的事情。

随着双减政策的推广，情况发生了一些变化，低年级孩子不再有考试、排名以及书面作业，高年级孩子的作业也基本在学校完成。接触不到孩子的作业，部分家长觉得卸下了一个重担，感觉轻松了，但是部分家长更焦虑了，因为不知道孩子的考试成绩，不知道孩子的作业完成情况，也就意味着对于孩子的学习成果，家长没有办法做到心中有数。有的家长开玩笑地说现在是"开盲盒"式育儿,等到中考那一刻自然见分晓。

没有了考试,没有了家庭作业,作为家长,我们就没有办法关注孩子的学习情况,并支持孩子高效学习了吗?并不是,只要我们用心,仍然是有方法的。

本章,我们将从三个方面帮助家长和孩子、和作业"和谐相处":

1.在大环境有所改变的情形下,我们要改变观念,从辅导孩子作业,到关注孩子学习。

2.在支持孩子有效学习这件事上,我们如何把握参与的"度"?

3.如何利用作业这个抓手,帮助孩子独立学习?

第一节

区分"关注学习"和"辅导作业"

关注学习不只有辅导作业,辅导作业也不能说明我们在有效地关注孩子学习。区分好"关注学习"和"辅导作业",我们内心的界限会更加清晰。

"关注学习"涉及面比较广,我们需要关注的有:

情绪状态:孩子今天的情绪状态怎么样?新学的内容是否有印象?

人际交往:在学校过得开不开心?和同学老师相处得怎么样?

学习习惯：课后的练习是否记得住？预习–上课–复习的学习习惯是否已经养成？

具体科目的学习情况：在哪些科目的学习上学有余力？在哪些科目的学习上需要帮助？

具体的支持：如果需要帮助，需要哪方面的帮助？是心态和精神方面的支持，还是实际手把手教的支持？

而"辅导作业"涉及面比较窄，家长主要关心的是作业做完了没有。再细心一点的家长还会关心一下题会不会做，有没有做对。除此之外，就不怎么关注了，作业做完了，就万事大吉了。

当我们把"关注学习"和"辅导作业"这两者区分开来，就会明白：无论在哪一种教育环境之下，关注孩子的学习，给孩子及时恰当的支持，始终是为人父母需要去重视、去身体力行的。"关注学习"的有效动作做得越多，我们就会越了解孩子，内心也就会越踏实、越自信。

如果我们过于关注"辅导作业"，判断的标准会非常单一化，把孩子整个人的状态简单地和作业是否完成画等号。在这种认知之下，我们会错失对孩子真正的了解；在这种状态下，我们内心也会越来越焦虑。

小龙和洲洲，都是一年级的新生。

两个孩子的父母是同事，也是邻居，日常工作和生活的节奏大致相同。

小龙有时候想把在学校学的课文朗读给妈妈听，他拿着书找妈妈帮忙听一下，妈妈说："我在忙，你能背就行了。"

英语课外延展的实践活动，需要父母协助收集一些资料，小龙找爸爸，爸爸眼睛盯着手机上的小视频说："英语这玩意儿我不懂，你自己查。"说完把自己手机上的小视频关掉，把手机递给小龙。

小龙拿着手机，试着自己去网上找资料，但他不会，自己琢磨了很久也没有找到。看着爸爸妈妈都在忙，也没有人管他，于是，他就开始玩手机上的游戏。

语文课上，"每周一讲"的时间到了。

老师邀请孩子们做一个练习：和身边的人聊天，任何感兴趣的主题都可以聊。很多孩子都自信满满地举起了手。

小龙和洲洲是同桌，每到这个环节，小龙总是耷拉着头，生怕老师点到自己的名，而洲洲呢，总是把手举得很高。

因为，每次遇到这样的作业，小龙的爸爸妈妈都说没有时间，自己的作业自己完成，没什么好聊的，自己编几句就可以了。

洲洲的爸爸妈妈做法就很不同，他们非常在意这样的练习,这也是他们一家人很享受的时间。就算不是为了完成班级的练习,洲洲一家人也会在每天晚餐之后一起讨论一个有趣的话题,所以,到了每周一讲的时刻,洲洲的脑袋里面已经积累了非常多的素材。

在老师看来,小龙和洲洲一开始都是愿意积极上进的孩子,刚入学时的学习基础相当,但他们在学习的过程中是否得到了父母真正的关注和支持,决定了他们的行动可以延展出去的宽度和深度。

小龙原本是一个对学习很自觉、想要好好学习的孩子,但半年之后,他的学习就跟不上了,也开始慢慢离不开手机了。而洲洲不一样,在父母的陪伴和支持下,他的学习积极性越来越高,涉及的范围也越来越广。

假如生活中的细节,就像前面的记录一样在镜头里展开,我们会理解小龙,他的放弃是因为一次又一次需要父母支持的时候,父母都让他孤立无助,正是这些无助,让他慢慢地选择放弃。

因此,我的建议是,不要过于狭隘地盯着作业,而是要不局限于作业,完整且用心地关注孩子学习的状态。

第二节
从不独立走向独立的 4 个阶段

即便是同一个年级的孩子,因为其自我管理能力不同、学习状态不同,我们的关注重点也应有所不同。与此同时,支持的方式也要做相应的调整。

一、当孩子没有主动学习意识时

表现:感觉所有学习任务都是爸爸妈妈的事情,和自己无关。自己总是被家长强迫学习,认为学习是一个苦差事。

给父母的建议：

1）我们越是付出得多，结果可能越不如意，在这种情况下，我们容易觉得问题出在孩子身上。我们应反思自己在哪些地方做得不恰当，是否对孩子包办太多、信任太少，以至于给了孩子这样的错觉：学习是爸爸妈妈的事情，不是我的事情。

2）试着理解孩子的内心感受。孩子并不是真的不爱学习，只是在家庭现有的沟通方式下，不理解为什么要学习。

3）尝试去看到孩子的兴趣点，或者擅长的事情，从一个小的点来进行突破，在一个小的点上看到孩子主动学习的状态和意识，及时地肯定孩子，哪怕这个点跟孩子的学科学习完全无关。

二、想学习，但是畏难情绪严重

表现：在孩子的语言和行为中，能够感受到孩子是有学习的意愿的，但一落到实际的行动上，孩子就会因为畏难、害怕自己做不好而止步。

给父母的建议：

1）反思是否有要求过多、给孩子否定指责较多的情形，如果有，要觉察到这些行为，慢慢调整和改变。

2）用自己的接纳帮助孩子放下不敢行动的压力,可以试着跟孩子这样说:"尝试着去做、去努力,过程是最重要的,结果是什么样子都可以接受,你有什么需要帮助的地方,记得找我们,我们会支持你。"

3）在孩子行动的过程中,发现孩子做得好的地方,及时给出正向反馈。有成果的时候肯定成果;成果还不明显的时候,就关注细节上的进步。

4）用心观察孩子真正需要的支持是什么:是情绪上的支持,需要父母鼓励接纳,还是行动上的支持,需要外界实实在在地教他如何做?先观察,在感受到孩子真正需要帮助或者孩子主动提出需要帮助的时候再行动,不要自以为是地去介入和教导,这反而是一种不信任的表现。

这个阶段的重点在于识别什么时候孩子需要帮助,并且坚定地相信孩子。

三、孩子的行动已经慢慢步入正轨,但偶尔有小的反复

表现:对于如何坚持做一件事情,孩子已经慢慢地形成习惯,走上正轨,但偶尔还是会有不能好好坚持、犯错、畏难的状态出现。

给父母的建议:

1）孩子牢固地形成某种良好习惯是需要时间的，在这个过程中会有反复也是很正常的，我们需要先明白且接受这一点。

2）当孩子在行动过程中，偶尔不能好好坚持、畏难，一定是遇到一些困难，我们要及时地理解孩子，表达对孩子坚定的信任。

3）引导孩子纵向地看待自己的成长和变化，看看最开始的时候和现在行动一段时间之后有什么不同，用成果来让孩子获得成就感，同时告诉孩子，在这个过程中，偶尔感觉辛苦、为难也是非常正常的，是每个人都会经历的。

这个阶段的重点是父母自己先明白，成长就是一个会有反复、螺旋上升的过程，这是正常的，同时用自己内在的这种相信和稳定来给孩子正向的影响。

四、孩子已经在行动中体会到成果，能够自律地完成

表现：孩子已经从做一件事情的过程中感受到了乐趣，体会到了自己的能力和价值，并且孩子相信父母的支持一直都在。

给父母的建议：

1）不要和孩子争功劳。当孩子做出成果的时候，不

要和孩子说幸亏当时爸爸妈妈如何,这就是在和孩子抢功劳;而是要真心地为孩子高兴,真正地看到孩子的能力和进步。

2)正面的鼓励和肯定变得更加自然和日常,并在恰当的时候给孩子需要提升的建议。

3)强调孩子的努力,而不是强调孩子的聪明。尤其是在孩子比较自满的时候,要客观地和孩子分析,之所以取得这样的成果,是你自己不懈努力的结果,而不是轻易地说孩子多么聪明。因为成果的取得,孩子本身的悟性是一部分,更多的则来自踏踏实实的努力。

4)关注孩子的成长变化,留意下一项我们需要花时间陪着孩子练习的内容。

5)同时,还要看到独立是相对而言的。不能看到孩子在这件事情上独立了,其他事情都可以放手不管了。虽然孩子在这项技能上可以放手了,但当他又开始一项新技能的练习时,我们对孩子仍然要持续支持。

比方说,孩子在学习语文的拼音或者组词时,已经会熟练使用字典了,但是过一段时间我们发现孩子写作文时不太顺利,那我们就需要意识到,孩子在学习写作文这件事情上,需要我们的陪伴和支持。

第三节

帮助孩子学习更独立的两个技巧

孩子只有在获得权利之后,才会独立承担责任。帮助孩子在学习上变得更独立,首先要求我们要尊重孩子、相信孩子,并邀请孩子参与决定。

一、独立学习的有效方式:创建学习任务清单

帮助孩子自主学习,并且能够在自主学习的过程中体会到成就感,无论我们最终采用什么方法,都有一个前提:孩子需要有主动学习的意识,要对今天需要做哪些事情有意识。

学习任务清单，是帮助孩子形成学习意识的一个非常外显的形式。

比如孩子放寒假，如果没有父母的提醒，他们是否清晰地知道自己寒假的学习应该怎么安排？

如果知道，孩子就可以顺利开始做计划。如果不知道，可以说，后面关于孩子的学习计划再多也没有用。到了快开学的前几天，会发现整个寒假过完了，而学习还没有开始。

所以，在动手做作业之前，先确定孩子是否知道他的学习任务。平时有每天的学习任务，寒暑假有寒暑假的学习任务。

想了解一个孩子有没有学习的意识，可以看看他有没有记下学习任务清单，问问他是否知道每天应该做些什么事情。

如果学习任务清单都没有，就需要先培养孩子的学习意识；如果孩子对自己要完成的学习任务很清楚，需要重视的就是如何完成这个任务的方法了。

对于一部分家庭和孩子来说，学习任务清单不是挑战，因为学校在放学前或者放假前，会统一给孩子们列出需要完成的任务，老师也会每天提醒。假如你的孩子在这样一个班级里，你内心可以对老师多说几句谢谢，因为孩子能够完完整整地知道自己应该做什么，就这一件事，已经省去了你们之间的很多挑战。

学习任务清单，看上去只是小小的一张纸，其实背后，可以锻炼孩子的各种能力。

首先便是计划能力和全局思考能力。

比如说一个漫长的假期，除了要安排好每一科的学习任务，还要安排好每一天的学习任务，肯定需要一个统筹安排，这个安排也许只是简单的思考，也不太费时，却属于计划能力和全局思考能力的锻炼。

小的时候，面对学习任务，我们有自己的思路去安排先后顺序；长大了，面对工作清单的时候，也不会茫然无措。从小到大，我们所锻炼的能力是相通的。

面对一件事情，有思路，有方法，我们心里就会觉得轻松，轻松感来自于有统观全局的视角。学习任务清单，就是这种视角的一次次练习。

有的家长会疑惑：我的孩子从来没有列过学习任务清单，但他一样可以把自己的学习安排得井井有条啊。

是的，学习任务清单是可以变通的，不必拘泥于形式。有的孩子很排斥每天列任务清单，但是他有自己独特的记忆方法，他不用笔写，但是他记得住，如果是这样的情况，我们也需要适当变通。孩子有学习的意识，对于要完成哪些学习任务，在脑袋里是有想法和印象的，做得到这一点，就可以了。

二、让成就感不仅感受得到，还清晰可见

任何时候，一项学习任务完成之后，都可以建议孩子适当地做一下标记。完成一项，就标记一项。这是很细小的过程，但是，每一个记号，都是让孩子感受到完成一件事的快乐与充实的机会。

不要小看这样一个小记号，在孩子心里，这就是一个完成的小仪式。

每个孩子标记的形式可以不一样，但要有一个标记放在这里，告诉孩子：这个部分，你已经完成了。

这样的机会多了，孩子自然就会觉得，虽然每天需要打卡的任务不少，比如阅读、跳绳、数学口算、英语背诵等，但是这些都不是可怕的事情，而是可以轻松搞定的事情。

我记得我的孩子刚上小学的时候，每天晚上要完成比在幼儿园多得多的学习任务。为了避免他畏难，当他完成一项任务之后，我建议他在这项任务后面用笔来画记号。他说我可以用红笔吗，我说当然，你想用什么笔就用什么笔。于是，

他拿出红笔，在完成的那项任务后面画上一个大大的钩，那神情好像一个神气的老师在批改作业。画完了，还会自己体会一下，开心地笑一下，左右端详一下。

他画了大概两周钩以后，就不再画了，因为这个时候，他已经能很轻松很有条理地完成自己每天的任务了。

一个个画下的钩，其实就是一个个象征着完成的小里程碑，构建的是一点一点的自信和成就感。自信和成就感，更多地来自于对自己的肯定和爱。

一个对自己有着肯定和爱的孩子，背后一定有着至少一位不过度挑剔，包容和肯定孩子的家长。

对于完成学习任务有畏难情绪的孩子，建议他在做完每一小项任务之后做个标记，或者暂停下来歇一会儿，或者聊一聊刚才的小项目，对重振孩子的信心特别有效。

有一位妈妈，就用这个小小的方法，在不到一个星期的时间里，帮助孩子克服了畏难情绪。妈妈非常有心，她知道孩子完成哪一项任务会比较快，就特别记住完成这一项任务的时间。比如熟读课文两遍，一般也就是几分钟，但这也是完成一项作业了呀，妈妈会记下时间，然后和孩子说："我们语文第一项作业完成了，你看一下时间，只用了四分半钟呢。"

看上去是一件小得不得了的事情，但是，对于孩子而言，仅仅四分半钟,我就完成了一项小作业,这不是证明了我的能力吗?

在这里,我需要提个醒:很多家长陪孩子时,为了让孩子能够快一点完成所有的任务,计时,掐表。我不主张这样做,因为这样的计时方式,会给孩子特别大的压力。

那在这个案例里,为什么我又提到了计时呢?这里的计时,不是规定孩子必须要在哪个时间段里完成的紧箍咒,而是带着善意、带着支持,自然地记下一个时间段,通过数字直观地告诉孩子:看,你做完这一项作业,只花了四分半钟,你做到了。

关于怎样帮助孩子,让孩子觉得学习有成就感,我们还可以由此延伸出去,将这个办法运用于和孩子相处的更多方面。

比如,把孩子看过的书单独放在一层柜子,或者是用一个本子做记录,随着书看得越来越多,书也会叠得越来越高,用本子做的记录也会越来越多。

比如,把孩子每天的运动量或者运动时间,用一张表格记录下来,或者在日历上做是否完成的标记,这也是看得见的成就感。

再比如,把孩子练习过的书法纸叠放在一起,一段时间下来，会看到练习过的纸越来越多，或者选择孩子满意的作品精致地装裱起来，这些，都会是一种看得见的成就感。

有一些看得见的成果摆在面前，孩子就会从这件事本身体验到"我可以、我能行"，而不是只从语言中去寻找虚幻的自我价值感。

我们陪着孩子学习的结果，一方面是孩子的学习状态；另一方面，则是孩子从我们的行为当中慢慢形成的看法：对自己的看法，对父母的看法，对学习的看法。

如何让孩子在我们的陪伴中感到自己是受欢迎的，是重要的、安全的，很重要，因为这些看法，才是牢固影响一个人行为的牵引器。

第四节
适度参与孩子的学习

一、哪些该管,哪些不需要管

客观地讲,辅导小学生的学习是很有难度的。

就像大学中文系教授给小学生上识字课,有没有难度?不仅有,还很大。

辅导孩子的学习,难的并不是知识点本身,而是我们怎么做,孩子才会形成自主学习的能力,能对学习感兴趣,愿意自发地去学习。

辅导学习不容易,但好消息是,确实有一些办法能降低难度。

如何降低辅导学习的难度呢？第一步就需要梳理一下，在孩子学习这件事情上，家长参与的度在哪里？哪些该管，哪些不该管？

如果父母不将这些事情做区分，不自觉地将孩子的责任背在了自己身上，却希望孩子能在这个过程中学会对自己负责，这是一个不切实际的期待。孩子责任心的萌芽，是从我们把孩子自己的事情归还给孩子的那一刻开始。

那到底该如何区分呢？一个原则：

具体用行动去完成的过程，是孩子的事情，比如预习、写作业、复习、做题，家长不要参与；在孩子需要的时候提供支持，帮助孩子调整出好的状态，在孩子不会的时候一起找到方向和突破点，陪着孩子慢慢拿到成果，这就是父母的职责所在。

这里用一个实例来加强理解。

比如孩子学习的时候，遇到一个难题，卡住了。

我们需要做的：

1. 不过多地制造干扰，给孩子一个安静的适合学习的环境；

2. 询问孩子的意愿：是否需要父母帮助？

3. 如果孩子需要，就及时地参与进来，去询问孩子，并根据孩子的表现分辨当下所需要的帮助是什么,是情绪支持,还是行动上的支持:如果是情绪支持,就先通过聊天等方式帮助孩子调整状态;如果是行动上的支持,就一起商量解决问题的办法;

4.如果孩子不需要支持,就相信孩子,相信这个着急、犯错、失败、总结的过程也是孩子非常好的学习体验,放手给孩子这个试错的空间。

当我们确认了孩子不是需要情绪支持,而是真的遇到了不明白的知识点,且这个知识点对我们自己来说也很伤脑筋的时候,我们该如何提供帮助呢?

我的孩子进入三年级之后,我发现辅导他的一些数学题有点伤脑筋了,我知道题是怎么解的,但不代表我可以讲明白,不代表他能听明白。

尝试了两次之后,我果断放弃了自己给他讲解题目,转为和孩子一起找办法。我说,这个题我也不会,怎么办呢,我们一起来想办法,好不好?

在一起想办法的过程中,我们发现,有非常多的人和资源是可以帮助我们的:

我们可以打电话问老师;

我们可以联系班上的同学,一起交流和讨论;

我们可以请教邻居家高年级的哥哥姐姐；

我们可以利用一些课外延展资料巩固理解，寻找新的思路。

所以，我只做妈妈，不做老师。在陪着他寻找答案的过程当中，我不是导游，更不是直接解决问题的人，我只是那个陪伴着孩子一起去探索和解决问题的同伴。我并不能确保可以陪着孩子解决所有问题，但我可以做到当孩子需要帮助的时候，我能够支持孩子，让孩子可以不放弃，有足够的勇气去探索和行动。

二、家庭如何分工合作

双减之后，孩子的作业负担大大减轻，但是孩子放学回家后到睡觉之前，有很长一段时间，即使不需要辅导作业，也需要我们用心陪伴。

在一个家庭里，不是固定由爸爸或者由妈妈来陪伴孩子，而是看这个家庭的具体情况，让有意愿也有时间的那个人作为主要陪伴者。但不管是谁主要陪伴，家里的其他人都不能置身事外。

还有一种极个别的情况，父母双方都关心孩子的成长，也都发自内心地愿意陪伴孩子,但在当时的事业阶段,实际情况就是彼此的时间都不允许,那就要找到适合陪伴孩子的第三方,确认第三方的理念和父母一致,并且父母当中至少有一位依然会每天关注孩子的状况,和第三方保持积极顺畅的交流。

1. 父母如何分工

我们来试着为大家列举出家庭中相对有效的分工合作方式。

第一种组合:让相对严谨的家长关注学习,相对活泼的家长负责陪伴、运动和情绪支持。

希希家。希希妈妈是律师,相对严谨;希希爸爸是一位体育老师,比较幽默。夫妻俩的分工是:

妈妈关注孩子的学习,与学习相关的各种准备、提醒、检查都由妈妈负责。

爸爸负责孩子的兴趣培养,陪孩子练琴、打球,当妈妈情绪绷不住的时候,及时缓和气氛。

第二种组合:让家长只是家长,避免在自己擅长的领域当孩子的老师。

妮妮家。妮妮妈妈是一位初中语文老师，妮妮爸爸以前是学霸，数学学得特别好，现在在公司当财务总监。夫妻俩最开始在陪伴孩子的同时充当孩子的补课老师，妈妈负责补习语文，爸爸负责补习数学。结果发现，"当老师教别人的孩子"和"当老师教自己的孩子"完全是两回事，对自己的孩子很容易提很高的要求，让孩子感觉很挫败，亲子关系都受影响了。后来相对有效的分工是：

爸爸妈妈都会抽出时间陪伴孩子，但是不会去指点孩子的学习，除非孩子主动要求帮助。

第三种组合：一人主外，一人主内，但相互有默契地接应。

乐乐家。乐乐爸爸是创业者，创业十年，乐乐妈妈全职在家陪伴孩子。乐乐家的分工是：

家里和孩子、生活相关的事情由妈妈负责，但当妈妈情绪状态不好时，要及时和爸爸沟通，爸爸及时顶上。一个月里爸爸来陪伴辅导孩子的天数也会有4~6天，妈妈会觉得自己有另一半的支持，爸爸也不会觉得自己离孩子的成长太远。

不同的家庭，适合的分工都是不一样的，但总有一个原则——相互理解，相互支持。

一旦夫妻双方的语言里过多地出现"应该"这样的词

时，彼此就需要觉察一下，自己当时的心态，是在盲目提要求，拿自己的伴侣和别人家的家长做比较，还是在相互理解，有效地解决问题。

能否达成有效的合作，其实考验的并不是育儿功夫，而是夫妻之间的沟通是否顺畅。

2. 父母与孩子分工的界限清单

除了父母，孩子也是这个家庭的一员，在这个家庭中，分工也应该有孩子的一份。很多父母喜欢包办，导致该孩子负担的那一部分也是父母在承担。那父母与孩子之间的分工，有怎么样的界限呢？分享一个家庭在辅导孩子学习期间，一家人经过讨论，列出来的分工合作界限清单：

小树家的分工合作界限清单

基本原则：

1. 爸爸妈妈练习相信、尊重、帮助、鼓励、爱小树。
2. 培养孩子的自信心、行动力、输出能力。
3. 大家各安其位，各司其职。
4. 如果不能确保自己能提供帮助，就先做到不帮倒忙。

小树的事情：

1. 在学校专心听课，记录好课后复习和预习的内容。

2. 回到家根据自己的习惯和喜好，自由选择，做好时间安排的计划，认真执行，需要父母帮助的时候主动向爸爸妈妈提出来。

3. 按照计划认真且按时完成相关的复习和预习。

4. 和爸爸妈妈（其中一位）一起完成当天的阅读，时间30分钟。

5. 监督爸爸妈妈在自己休息之前不在家里玩手机。

6. 不高兴的时候，及时主动地和爸爸妈妈沟通。

7. 在不违背基本原则的情况下，小树认为是自己可以决定的事情，可以由自己先尝试，后续和爸爸妈妈一起讨论复盘。

8. 整理好自己的书包，清点第二天要带到学校的书本和文具；如果小树忘记带书本或文具，爸爸妈妈有时间送则送，没有时间送也不是爸爸妈妈的事情。

爸爸妈妈的事情：

1. 记得午休，让自己保持轻松平静的状态。

2. 回到家时，记得要有一个身份的调整，告诉自己"我回家了"，不要把工作上的情绪过多地带给家人。

3. 夫妻俩多沟通聊天，一方面是让彼此有情绪支持，另一方面是小树表达过看到爸爸妈妈有说有笑是他最安心的时候。

4.关注孩子的学习进度,对于孩子课后复习和预习的内容做到心里有数。

5.当孩子做完计划,提出有需要支持的部分,及时支持。

6.协商好分工,确定每天有一人和孩子一起阅读30分钟。

7.亲子共同阅读完成之后,用自己方便的方式适当做记录。

8.不要在孩子休息之前玩手机。

9.在孩子状态不好,想要沟通表达的时候,耐心倾听。

10.和孩子讨论复盘时,不要嘲笑孩子,不要说类似"我早就说过啦"这样的话,专注于和孩子一起想出更好的办法,鼓励孩子更大胆地尝试。

三、迁就妥协与强硬控制一样不可取

晚上十点。朗朗拿着语文书看了一会儿,然后一边打着呵欠一边准备收拾书包。

妈妈走过来问:"这篇课文,老师期待你们在课后要朗读三遍,读了吗?"

朗朗笑了笑,吐了吐舌头。

妈妈说:"好吧好吧,今天先早点睡觉。明天一定要记得读,知道吗?"

朗朗说:"好的,妈妈。妈妈最好了,我最爱你了。"

妈妈笑着摇摇头说:"这孩子,什么时候能长大啊。"

看上去,这是很温情的一幕,没有冲突,没有争吵,大家都开开心心的,但是,总感觉哪个地方不对?是的,计划中的学习其实是没有完成的。妈妈说,"好吧好吧,今天先早点睡觉,明天一定要记得读,知道吗?"孩子此时就非常清楚地感知到:妈妈把我按时睡觉的事情看得最重要,下次我要让妈妈答应什么事情,在这个时间点去找她,她最容易答应。

孩子在这个过程中,就自认为找到了让自己达到目的的捷径,而且孩子本来该朗读复习的任务根本没有完成,这样一来,只会让孩子形成能够应付过去就应付的学习习惯。

瑞瑞读五年级了,还是经常记不住老师说的第二天上课要准备些什么,在别的小朋友抄下黑板上老师列的准备清单时,瑞瑞也不抄写。回到家,瑞瑞就让妈妈来帮她想办法。

这一天,她又有些沮丧地坐在书桌前,抓着头发,一脸难过地看着妈妈:"妈妈,你帮我打电话问问老师嘛,求求你了,就这一次,下次我一定记得抄下来。"放在以前,瑞瑞妈妈就帮孩子打电话了,并且相信孩子下一次会自己记住。

参加完家长课程后,当再发生同类事情,瑞瑞妈妈采取了不一样的应对方式。当瑞瑞又一次没有记录下第二天上课要准备的物品时，瑞瑞妈妈蹲下来，看着孩子的眼睛说："这次你没记下老师说的话，妈妈不怪你，你想要问谁，妈妈可以借手机给你，需要你自己来问。"

瑞瑞说："不嘛，妈妈你帮我一次嘛。"

妈妈非常坚定地说："妈妈可以借手机给你，问老师也好，问同学也好，都可以，但都需要你自己来。"

瑞瑞央求了很久，妈妈一直没有动摇，最后瑞瑞没办法，只能自己去问老师。

以往都是妈妈代劳，瑞瑞自己没有体会到，不记住会给自己带来哪些不便和后果。这一次，瑞瑞需要面对压力，需要自己鼓起勇气去问老师或者问同学，无论怎样，她都需要学会为自己的行为负责，承担自己的行为后果。

孩子会在体验当中学习，而不是在说教当中学习。我们跟孩子说十遍"下次你一定要记得抄写"，或许也不如让孩子体验一次直接面临压力来得深刻。

那有哪些底线需要我们来守住呢？

一个大原则：凡是孩子应该负责完成的事情，如果孩子没有完成，考验的就是我们能不能坚守住底线了。

但我们在日常生活中，很容易在孩子的眼泪和痛苦前失守。这时，我们需要做好如下两件事。

第一、明确有些学习的痛苦是孩子必须承受的。

一道难题解不出来，孩子感觉很痛苦。

一道难题解不出来，我们劈头盖脸把孩子骂了一顿，质问孩子为什么这么蠢，孩子感觉很痛苦。

这两种痛苦，是不一样的，我们要区分出来。

第一种，是成长本身所必经的痛苦，我们可以踏实心安地做一个陪伴者、支持者，在孩子身边，陪着他一起去面对、去经历、去突破；

第二种，不是这件事没有做好的本来后果，是我们额外强加给孩子的体验，带给孩子受伤害、不被尊重的痛苦，则需要我们改变自己对待孩子的方式，这不是孩子需要承受和消化的痛苦。

第二、不要在孩子的眼泪面前慌了手脚。

在练习一项能力的时候，很多人都会遇到瓶颈期。在这个过程中，孩子可能气馁，可能想逃避，可能会受不了这种挫败而状态低落、伤心流泪，当然，也有可能会慢慢有一些自己的发现，比如只要我不开心，只要我哭，爸爸妈妈就不坚持了。

阿尔弗雷德·阿德勒曾经说过，如果你想让一个孩子长大之后一事无成,那么你就对他百依百顺。

不要害怕孩子的眼泪,不要孩子一哭就慌了手脚,有些路,就是需要含着眼泪向前走。

家长的实践练习:

请回顾一下自己陪伴孩子学习的过程,是否做到了充分地相信孩子,并在孩子有需要时及时给孩子提供支持?

如果在你们家也列一份界限清单,你会怎么列呢?尝试和你的家庭成员讨论一下。

第五节
如何利用作业这个抓手,支持孩子的学习

一、双减之后,家长要不要额外给孩子布置作业

双减之后,我看到很多家长都在纠结要不要额外给孩子布置作业,有的家长已经实施了。我的建议是,没什么必要。

首先,父母留作业并不专业。因为父母并不能完全了解学校的讲课进度,给孩子的作业或许是孩子已经学过内容的重复,又或者是超纲内容,孩子还没学到。

其次,在学校里本来已经完成了老师的作业,回家家长还额外布置作业,会让孩子产生逆反心理,甚至厌学。

很多家长之所以感觉焦虑,是因为孩子放学后,大把

的时间不用来写作业，感觉像是浪费了。但孩子没在家写作业，不代表孩子没在学校完成作业。双减之前，大部分学校放学时间早，孩子的作业是带回家来完成的，而双减之后，很多学校都增加了两节课，这两节课老师会安排孩子完成一些当天的作业。

同时，孩子不在家写作业，不代表我们就完全没办法了解孩子的学习情况。我们可以在孩子放学后，花时间去跟孩子聊一聊学校的事情，以及学到的东西，可以让孩子当小老师，来教给你他在学校学的，这样不但是巩固学习效果的极好方式，还有利于提升亲子关系。

最后特别重要的是，以前作业负担重，家长既担心缺乏运动会影响孩子的身体健康，又担心熬夜写作业耽误孩子的睡眠，现在正好借这个机会，好好带着孩子一起做做户外运动、做做亲子手工等。

当然，有些孩子特别喜欢学习，父母额外给他增加一些作业，他并不反感，甚至能够胜任，也是可以根据孩子的情况适当加一些作业的。

二、关注孩子的学习，及时跟进

双减之后，低年级孩子书面作业几乎没有了，但是一些非书面的作业，比如阅读、背诵等，老师仍然是会有一些要求的。

由于没有书面作业，也不像以往一样需要检查、签字，很多家长也就放松了对孩子学习的关注。

小米这周末需要过关的复习是：背诵英语模块3和模块4的全部课文。

小米看到这个就哭了，因为觉得太多了：一个模块3课，两个模块就是6课，这么多课文，怎么能够背得出来？小米一下子就犯难了，不想背。

其实老师之所以这样安排，是因为在前面三周的英语学习当中，当天新学的课文都需要背诵过关，具体到每天只有不到20分钟的练习量。但小米的爸妈没有在意，导致小米前面三周的练习并没有做。因为没有细致地了解这些练习的来由始末，小米的爸妈也开始抱怨起来：这个作业布置得也太不合理了吧。

这就是我们不深入关注孩子的学习可能会出现的一种情况：被孩子的情绪带着跑，而不知道事实是什么。

如果前面小米做到了新学的课文当天背诵，那周末的两个模块背诵，只是一个检查和巩固而已。

老师布置练习，一般都有其自身的考虑和逻辑，我们持续保持关心,就可以及时默契地体会到老师的思路。这样就能避免因为一开始不上心,导致后面任务无法完成。孩子只有在学习时有胜任感,才会更积极主动地去学习。

三、我们如何看待作业,对孩子来说很重要

面对学习任务,孩子常常会因为各种各样的情绪,显得非常被动和消极。

一个妈妈跟我分享了这样一件事情:

她孩子的班级每到寒暑假,班主任老师就会在班级群里组织大家每天进行阅读打卡。

孩子特别烦,说这个老师真讨厌,放假了还不让我们休息,还整出这么多的事,就是故意整我们,就是故意不让我们好好在假期里玩。

这位妈妈听了之后,对孩子想在暑假里玩这件事情表示理解,剩下的就没有说什么了。

第二天,她把班级群里家长志愿者需要做的统计工作认领过来,做了两天。

两天做完之后,妈妈很认真地和孩子谈了一次。她对孩子说:"这两天,我在帮你们班主任统计全班同学的阅读打

卡，我发现，这件事情很消耗时间。我要一个一个在微信群里翻大家的留言，然后一个一个在表格里对着填，眼睛都快花了。我在想，这件事情并非学校强行要求，而你们老师却愿意花时间来陪着你们一起做，她的付出一定比我们每个参与的家庭要多得多。这个暑假，我猜她每天至少要花一个小时来做这件事情，本来她也是可以完全地休假的。"

听完妈妈说的这段话，孩子的表情变得认真了起来。过了一会儿，孩子说："妈妈，从明天开始，我们认真做阅读打卡。"

无论布置什么样的作业，老师的目的无非是为了提高孩子的各项能力。当孩子看见作业有抱怨，我们不需要过多关注他们对于老师的评价，而要更多地关注作业本身，交流老师布置作业的初心，去思考要引导孩子好好完成作业，我们可以做些什么。

四、重视纠错本：做得多不等于学得好

有些能力是会熟能生巧的，比如口算，保持一定的练习量，一定比不练习掌握得更好；比如英语学习，坚持读和说，一定比不读不说更好……

但是,并不是所有的学习都适用这一条。如果方向对了,必要的重复练习是很有价值的,但我们需要明确的是,这是不是当下必须要做的,我们练习的方向是不是对的?如果方向偏了,重复多做,对于孩子来说,则更像是一种惩罚。

很多家长觉得熟能生巧,作业多做几遍或者每天多做点作业,可以加强锻炼,巩固学习效果。其实,这只是家长的自我安慰。

我特别不主张,没有真正弄明白孩子需要加强的地方是什么,就盲目地给孩子额外布置作业。比如有一位妈妈给孩子布置做口算题卡,只要孩子做错一道,就罚孩子加做两张。事实上,我们只要带着孩子一起把那一道错题的原因找到,再出几道同类的题目,让孩子能够举一反三,就能达到目的了。

题海战术,只是缓解我们焦虑的暂时镇静剂,但这个镇静剂的副作用太大了,而且这个副作用全部是由孩子来承受的。

除此之外,我们不要盲目在家里给孩子加题。作业的本质是检验知识点是否过关,已经理解并过关的内容可以不管,重点去关注孩子做错的那些题即可。

有一位非常有经验的校长和我交流说,孩子考试提分有三件宝:总结,反思,纠错本。

在实际生活中,很多家长跑反了方向,具体的表现是:只要听到谁推荐哪个资料好,就赶紧买来让孩子做,见不得孩子休息和放松,孩子在学习家长就放心了。至于陪孩子梳理并纠正错题这种重要的事情,反而没有做过。

在这种情况下,孩子对学习只会越来越没兴趣,原因是家长本末倒置,力气完全用错了方向。

在小学阶段,非必需情况下,是可以不用增加课外资料的。但是错题本是一定要重视的。因为一个错题,代表的不只是错了一道题,它反映出的是孩子不理解的知识点、不好的学习习惯,或者是无效的学习方式,这些才是我们需要重视的。

第三部分
Part 3

看似与学习无关的重要事儿

在孩子的小学六年里,学习和习惯的培养非常重要,除此以外,与父母之间的亲子关系、稳定的情绪、良好的社会交往能力也同样重要。

因为人生漫长,一个人的一生不只有学习,考核的标准也不只是成绩。一旦孩子走进社会,走上工作岗位,决定孩子能走多远、能有多幸福的,就是这些看起来与学习无关的能力了,而这些能力的形成,仍然需要我们的支持与帮助。

第八章

当同伴关系出现挑战时

第一节
当与小伙伴出现矛盾时

进入小学阶段,除了学习和作业会带给孩子们压力之外,和小伙伴的相处,也会成为一部分孩子的困扰。

有的孩子不懂得怎么和他人相处,也不知道如何主动去交朋友,会感觉有一些孤单,被冷落;

有的孩子脾气比较急躁,一着急就动手,用打架来表达愤怒和解决问题;

有的孩子不懂得拒绝他人和保护自己,总是感觉受欺负;

有的孩子为了能够交到自己心仪的朋友,用一些收买、讨好的方式来交友;

有的孩子会用不再和别人做好朋友的方式,来要挟别的孩子,以实现自己的目的;

有的孩子会不允许自己的好朋友结交新的朋友,只允许对方和自己一个人玩……

所有这些问题的根源,不是孩子遇到了一个不懂礼貌的同桌,也不是孩子本身就内向胆小,本质上只是因为孩子缺乏相对应的社会交往能力的练习。这种时刻,我们如何应对就显得尤为重要了。

当孩子面对社交挑战时,我们应该如何有效地面对和处理呢?一起来看不急不慌、轻松协助孩子巧妙处理同伴问题的5个步骤。

一、步骤一:判断,父母要不要介入

当孩子和同伴之间产生了或大或小的摩擦,发生了不愉快,我们是否要介入,可以从两个方面来考虑:

第一个方面,情形是否安全。如果孩子们之间的摩擦与冲突,已经形成了身体或情绪层面比较大的攻击,其中的一方或是双方都面临比较大的压力,这个时候,我们就需要介入;如果只是日常的打打闹闹,孩子们今天吵了明天又和好了，这样的情形，我们只需要在孩子回到家之后，和他一起来交流这件事就可以了，并不需要直接介入。

第二个方面，双方面对和处理这个问题的力量是否对等。如果对方孩子的家长已经介入进来了，那无论事情大小，我们都要介入，这样双方处理问题的能力才会对等；如果事情没有达到不安全的程度，对方家长也还没有直接介入，我们也可以试着让孩子直接去面对，自己在旁边观察和关注为主，而不是直接代替孩子去处理问题。

二、步骤二：先去关注孩子的情绪

在孩子与人发生冲突时，相比去找对方解决问题，更重要的是去看冲突发生后，自己家孩子的情绪状态，他是不是感觉到委屈或者受伤。

当不顾一切去找对方理论的时候，我们其实只是在被自己的情绪带着跑，看上去是为孩子出头，其实只是为自己内心压不下去的愤怒情绪出头。而真正站在孩子的角度去考虑问题，第一件事应该是安抚孩子的情绪，让孩子感受到有父母的陪伴，有支持在，这是比最终这件事情谁来道歉、谁来负责重要一百倍的事情。

当孩子的情绪被安抚之后，一种情形是，事情可以更有效地来解决，就可以进入解决问题的阶段；还有一种情形是，当孩子被理解，情绪缓和下来，事情也就没有了。

有一个小朋友，有一天在托管写作业，橡皮掉地上时被同桌踩了一脚，孩子很心疼，回到家一直都不开心，念叨着说："我要她赔，我要她赔，我也要踩一脚她的橡皮。"反复地抱怨和哭诉。

妈妈没有急于说服孩子，而是把孩子抱在怀里，说："是呀，那是你刚买的新橡皮，你非常喜欢，妈妈知道你很伤心。"孩子在妈妈的怀里大哭，因为感受到被理解，情绪尽情地得到了释放。哭了一会儿之后，孩子说："算了，不用她赔了，我知道她也不是故意要踩的，是经过的时候不小心的。算了，我不生她的气了。"

三、步骤三：还原事实

一个冲突发生了，一般来说两方都有责任，我们需要在安抚好孩子的情绪之后，再通过和孩子交流，去尝试复原整件事情，尝试尽可能客观地了解事情的来龙去脉。

1）当孩子情绪平复之后，用询问细节的方式了解事情的基本要素：什么时间，什么地点，哪些人，发生了哪些事情，在场还有哪些人，当时在场的人说了什么、做了什么？

2）我们自己要体会孩子讲述出来的细节是否符合逻辑，有没有孩子有意无意略去和隐瞒的细节？

3）和孩子复述我们所理解到的事实，是否与当时发生的一致。

如有必要，找相关的其他当事人了解事实，有的时候，孩子有意或者无意描述的并不一定是事实本身。那我们如何做到客观了解事实呢？除了和孩子交流，还可以通过其他的一些信息渠道，比如老师，比如当时其他在场的人，来收集一些侧面信息：

1）向老师了解事情的相关细节；

2）向当时在场的人了解相关细节；

3）向当时在场孩子的父母了解相关细节。

除了以上信息收集方法，还需要注意收集信息过程中的态度：

在向对方了解信息时，一定注意自己友好平静的态度，始终记得自己是在收集信息，对方是能够帮助我得到充分信息的资源，我现在不是去和对方理论，也不是要急于赔礼道歉，在决定如何做之前，我只需要客观地了解事实。

如果是跟老师打电话，可以这样说：老师好，今天我听孩子说在学校里和另外一位同学发生了不愉快，不知道您是否知道这件事情，如果时间方便，您可以告诉我这件事情您所知情的细节，这样可以帮助到我如何和孩子恰当地面对这件事情，谢谢老师。

如果我们能够客观地看待事情，就能够区分，双方各自做得不妥当的地方在哪里。如果是双方都有责任，那试着理清楚，自己孩子的责任在哪里，对方孩子的责任又在哪里。自己尝试着承担自己的责任，同时对于对方做的不尊重自己孩子的地方，也可以向对方表达，让对方知道自己孩子需要对方的道歉或弥补。

四、步骤四：引导孩子思考并解决问题

当看到真正的事实时，我们就算有了内心的答案和解决问题的思路，也不要急于替孩子出主意，多听听孩子的想法和意见，毕竟孩子才是真正的当事人，我们只需要和孩子一起去思考：现在该怎么办呢？

当我们的关注点是和孩子一起解决问题时，孩子就会有很多真正有助于承担和解决问题的办法冒出来。孩子想出来的这些办法，更贴近于他们内心最真实的需求。

孩子之间的小矛盾，处理起来有没有标准答案？其实没有，比如弄坏了一个文具，有的孩子觉得对方道歉就好，有的孩子就一定需要对方赔一个，这些主张都没有对错之分，只是反映了孩子在当下的情境当中真实的需求而已。尊重孩子的需求，只要是情绪允许的范围，我们都可以理解和支持。

有的家长面对孩子的社会交往挑战，一着急，就直接教孩子：下次不要和这样的同学玩了。或者教孩子：你还手啊，你打回去啊。这样教孩子的后果是，孩子无论遇到什么样的情形，都只会用这种单一的面对方式。刻板单一的方法，并不适用于孩子应对所有的情形。

有效的做法是：不教孩子用一个方法解决所有问题，而是教给孩子一整个工具箱，有"用多种方法都可以解决同一个问题"的思维。在这个工具箱里，有应对各种各样情形的办法，他可以用其中的一个办法解决一个问题，也可以用其中的很多办法来解决一个问题。

不过，有些解决问题的方法，只要想出来孩子就能做得到，但有些方法是需要孩子去反复练习的。在这种情况下，我们还需要手把手地带着孩子练习，把所有的方法通过练习做到不仅理解，而且能够表达出来、行动出来。

有一个小男孩，小时候爷爷奶奶带得比较多，奶奶经常和他说，不要和别的小朋友打架，打架不是乖孩子，打架的小朋友爸爸妈妈和老师都不喜欢。所以，后来小男孩在和同学的打打闹闹中，被碰了、被打了会忍着，绝对不会还手，久而久之，反而引来更多欺负他的行为。

最开始爸爸没有在意，后来班主任开始向家长反映孩子的情况，建议家长帮助孩子学习保护自己，家长这才觉得事情有点严重了。

爸爸和孩子讨论时，孩子起先不肯说，直到爸爸说班主任特意打电话说过这件事情时，孩子才承认。爸爸说："你要懂得保护自己呀。"孩子只是愣愣地听着，事实上，孩子并不懂得"保护自己"具体该怎么做。

爸爸意识到，自己只是告诉了孩子一句道理"你要懂得保护自己"，并没有给孩子实际的帮助，如何做才是恰当地保护自己呢？爸爸最后和孩子一起想办法，启发孩子思考，当别人欺负你的时候，你可以做些什么来保护自己呢?

他们列出了一个小清单:

1. 可以大声地说,你们再这样我就告诉老师;
2. 可以大声地哭,这样老师很快就会知道发生了什么事情,来帮助自己;
3. 可以跑,如果发现自己怎么表达都没有用,直接跑;
4. 可以抓住对方的手,让对方不可以继续打;
5. 可以还手打回去。

……

父母逐个方法地带着孩子模拟场景,让想出来的这些办法,真的变成孩子实际可以做出来的行为。最为重要的是,爸爸说,在实际情形当中,到底该采用哪一种方法,由你自己根据情况来决定,没有对和错,你自己就可以决定,哪一种都可以。

方法想出来,形成清单,记录在本子上,这并没有形成孩子真实的能力。只有将这些方法,模拟情境带着孩子一遍一遍地练习,直到孩子能够很熟练地运用出来,才是方法有效转化成能力的方式。

五、步骤五：家长保持理性，不让简单的事情变复杂

相信大家都见过类似这样的案例：本来只是两个孩子之间的平常争吵，到后面发展到两个家庭之间的战争。

为什么会这样呢？

是因为我们很容易在协助孩子处理事情时，忘记了自己的家长身份，被当时的情绪所控制，没有理性，把一件简单的事情升级，这样，事情就变得复杂了。

本来两个孩子吵吵架，很快就和好了，而一旦父母加入到这场战争中来，孩子们之间的关系就会平添更多的障碍。更有甚者，孩子已经和好如初了，而两家的家长从此结下了梁子。根本原因，是家长自己处理类似情形的能力不足，没有保持理性的支持，反而制造出了新的问题。

有一位妈妈，看到自己的孩子总是被同桌欺负，内心很生气，但这位妈妈也不表达，一直忍着。有一天忍不住了，就直接在班级群里开骂：那个谁谁谁家的孩子，家长还管不管？

对方家长莫名其妙地被公开点名，感受也好不到哪里去，于是，一场同桌之间的小摩擦，就变成了班级群里的一场家长口水战。

遇到这种事情,恰当的做法是怎样呢?

第一,和孩子做充分的交流,了解事实的原委,也通过相关的其他人来了解。

第二,如果真的需要和对方家长沟通,先私底下友好地来交流。

孩子在这个过程当中,会自然地学习到:原来我遇到的困难,可以通过这样的方式来解决。

第二节

面对校园霸凌，家长可以做什么

在日常和同伴的相处中，孩子的一种烦恼是同伴之间的正常摩擦，另一种则上升到了困境的层面，那就是校园霸凌。

挪威学者Dan Olweus则将"校园霸凌"定义为：

一名学生长时间并且重复地暴露于一个或多个学生主导的负面行为之下。霸凌并非偶发事件，而是长期性且多发性的事件。

日常社交矛盾和校园霸凌如何区分？

- 从对象上来区分：日常社交矛盾是和自己的好朋友、相处较多的玩伴之间发生的，而校园霸凌则是和自己平时没有太多相处交集的人之间展开的；

- 欺负的性质：日常的打闹冲突，是对于当时所发生的事情而展开的；而校园霸凌，则是不管一个人做什么，都会反复地发生，并且针对性很强，就是针对这个人，无论做什么事情都会被攻击。"行为反复地发生"和"明显的针对性"，是两个性质判断的要点；

- 重视"受到伤害者"本人的感受和视角：校园霸凌的方式，有显而易见的硬暴力行为，如拳打脚踢、扇耳光、恶语相向、威胁恐吓，还有一些软暴力行为，比如孤立排挤、散布谣言、讽刺挖苦等，要精准识别出来，对方是普通的冲突，还是校园霸凌。"受到伤害者本人视角"极为重要；当孩子已经一遍一遍地和父母诉说，父母就需要引起重视，不能疏忽大意；普通的冲突则是双方都有当时特定事情的责任。

我们希望每一个家庭都用不上这一节里的内容,但在校园霸凌这个主题上,了解一些预防、观察和面对的方法,是会对孩子有帮助的。

一、防患于未然的日常约定

我们需要和孩子建立有效传递信息的方式,有一些约定好的、彼此默契的暗号或者表达:很严重的事情,如何表达;一般的小事情,如何表达。有一个清晰的区分,有利于彼此的表达同频。

如果孩子今天只是有些不高兴,可以和爸爸妈妈说:"我只是不高兴,想和你们说一说。"

如果今天的事情有点严重,孩子就表达:"爸爸妈妈,这件事情很严重,我真的需要你们帮我。"

以上两种回到家的状态,同样都是不高兴,但是孩子不同的表达会给我们传递不同的信号,让我们及时意识到,这件事的重要性是在哪个层级的。我们需要和孩子之间有这样的练习和约定。

有一位妈妈,她的孩子向她抱怨过很多次,说她的同桌欺负她，每次都会故意弄脏她的衣服，故意堵住她的椅子让她出入很困难，还会对她说脏话，甚至还有一两次动了手。每一次抱怨，妈妈都以为只是同学之间的一点小矛盾，是小事，就没有在意。

当妈妈在课堂上学习了上面的方法之后，意识到和孩子约定不同信息传递的表达方式，真是挺重要的，回家之后尝试和孩子约定，没有想到，才刚开始和孩子说，孩子立马就哭了，说："这段时间，我的同桌每天那样对待我，在我心里，我觉得那就是很严重的事情了，就是一件需要你们帮助我的事情了。"

妈妈一听，感觉背上的冷汗都冒出来了，不曾想这件事情这么严重。于是，妈妈开始重视，和班主任积极地沟通。沟通的结果，让妈妈倒吸一口冷气，孩子的这位同桌，平时在学校脾气就比较暴躁，稍不开心就动手打人，在同学当中不太受欢迎。孩子的爸爸脾气更加暴躁，这个孩子在家里几乎是被三天一小打、五天一大打，也是一个家庭暴力的受害者，无意识地，孩子把内心的攻击性释放给了身边的人。

了解之后，妈妈一边后悔又一边庆幸，幸亏和孩子有了这种不同表达方式的练习，否则孩子受了委屈，大人还总以为是小事情。

二、帮助孩子处理"不准和任何人说"这样的信息

有些孩子，当他们被成年人、被高年级学生侵犯之后，这些人为了吓唬住孩子们，总会使用一个惯用的伎俩，那就是威胁他们"不准和任何人说，否则就如何如何"，在这种被恐吓的压力下，孩子可能就懵懵懂懂地照做了。

作为家长，我们需要提前跟孩子做一些自我保护的工作。首先要教会孩子识别那些给自己带来不安全感的人，如果听到类似"不准和你的爸爸妈妈说，否则就怎样"的话，就要反应，眼前这个人才是真正的危险分子。接下来要做的就是以安全的方式保护自己，然后以最快的速度告诉自己的爸爸妈妈，这样，才会带给自己真正的保护和安全。

当然，这些也考验到家长和孩子之间亲子关系的品质，如果孩子和家长彼此之间有着充分的信任，孩子在感受和分

辨出这样的信息之后，会很自然地和家长说；但假如家长对孩子的关注度不够，和孩子之间的关系也比较疏离，更谈不上彼此的信任，那么就算内心知道要寻求帮助，孩子也不会觉得爸爸妈妈能够帮到自己。

所以，最为本质的，是平时就和孩子建立好彼此信任的良好亲子关系，亲密无间的亲子关系才是保护孩子身心健康最坚实的屏障。

三、哪些信号需要我们警惕

即使是我们已经做好了上面的两点，但仍然可能存在孩子因为各种特定的原因，发生了一些类似校园霸凌的事情，却没有及时告知给我们。所以，我们不能把感知校园霸凌的线索单一地归到孩子提供的信息，而是自己也要主动地观察，留意是否有以下地一些信号，如果有，就需要重视：

1. 我们明明知道学校里发生了某件对孩子不利的事情，但孩子避而不谈，不愿意沟通；

2. 孩子对于某个人、某件事情带给他/她的困扰，持续地表达，持续地吐槽抱怨，就算我们会不友好地回应，孩子也依然要表达；

3. 孩子莫名其妙的情绪低落，眼神黯淡，且持续一段时间；或者身上有伤但故意显得无所谓；

4. 一提到某个孩子或者某位老师，孩子会莫名的情绪失控；

5. 孩子莫名的状态不好、成绩下滑，从孩子嘴里问不出原因；

6. 晚上做相同的噩梦，总是被相同的噩梦惊醒，显得比平时更胆小；

7. 孩子有其他反常的语言和行为。

当这些信号发生的时候，不要去责怪孩子为什么不早说，为什么不按照约定告诉父母，而是选择理解孩子。孩子没有说，并不代表不相信父母，而是有可能在当时的压力状态下，忘记了这些约定，或是内心很难过，难过到对谁都不愿意说话，这些可能性也是存在的。理解孩子，才能帮助孩子敞开心扉表达，责问只会让孩子拒绝表达。

四、事情发生的第一时间，及时传递父母的信任

假如知道孩子的班级有其他小朋友，或是孩子自己，正在经受校园霸凌。我们要做的第一件事，不是去分辨事情的对错，也不是急于找对方麻烦，而是第一时间让孩子知道，无论发生什么样的事情，都有爸爸妈妈在。

在过往辅导小学高年级孩子的个案当中，我就曾经见过这样的例子：

孩子在学校受了委屈，家长在老师那里听到了消息，劈头盖脸地就和孩子说："怎么他们就欺负你不欺负别人啊？一定是你自己也做错了什么事情？说，你自己都做了什么？"

在这种情况下，一方面孩子还要继续回到学校，继续面对压力；另一方面父母这样的回应，会让孩子产生一种被父母放弃的感觉，他会觉得绝望，非常容易产生厌学情绪。

有一个六年级的男孩子，自从读六年级以来，隔几天就会和妈妈说，不想上学了，妈妈一听到这个就很生气，说你六年级了不好好上学你干什么呢？尽管被骂，这个孩子还是

依旧过几天就会提出来一遍。

一个多月之后,孩子非常坚决地要休学,家长这才觉得事情严重了。经过细致地了解,才知道这个孩子在近几个月以来,一直都在被班级里几个同学欺凌,被孤立、被排挤、被各种私下辱骂恐吓,甚至被勒索……当了解到这些,家长才发现孩子独自承受了那么多。

这个妈妈后来花了一年多的时间,才帮助孩子慢慢地回到正常的状态中来。妈妈说,如果早一些开始学习,我一定会在第一时间,和我的孩子说这些在课堂上学到的话,也会这样去做:

无论发生什么事情,爸爸妈妈都相信你,都会保护你,支持你。

爸爸妈妈不会允许任何人伤害你,放心,有爸爸妈妈在。

发生了什么事情?慢慢讲,不着急,也不要害怕,告诉爸爸妈妈。

只要说出来,就一定有办法,爸爸妈妈在这里,相信我们。

我想,无论孩子面临何种困境,只要能够听到父母说这样的话,能够被父母如此坚定地信任和保护,他们的内心就不会感觉孤单和绝望,而是温暖和被爱。

当一个人真的找不到任何人、任何通道来支持自己的时候，才会真的想要放弃自己，哪怕还有一线希望，都不会想着要放弃自己的。

所以，在第一时间，把坚定的信任和保护，清晰地、明确地表达给孩子听，孩子非常需要这样的声音，这样的声音就是在他们经历黑暗时照进来的一束光。

五、用行动体现对孩子的爱

表达信任和支持还远远不够，最终还需要有效且彻底地解决问题。面对校园霸凌，且不说孩子内心的恐惧和伤害了，其实很多家长内心也是崩溃的。

有的家长自己就很害怕冲突，看到孩子被欺负了，心里的心疼是真的，但要他们站出来，有勇气、有力量去保护孩子，他们好像有些胆怯和害怕，这样的家长大部分会选择息事宁人；

有的家长自己不曾有过类似的体验，无法同理到孩子，就算孩子已经述说了整件事情，就算能够理解事情的严重性，但没有内心的共鸣，在内心深处，仍然觉得这不是一件多么大不了的事情。这样的家长，虽然会去解决问题，但只是象征性地和老师等人员沟通一下，不会深入地陪孩子解决问题；

有的家长，也许自己有着相似的童年体验，所以看到自己的孩子也被欺负时，冲动会让他们失去理智，反而做出一些让事情变得更加糟糕的行为来。这样的家长，看上去是在解决问题，其实只是把事情变得更严重。

面对校园霸凌，有效的解决办法是，家长用一种平静理性的状态，克服内心的恐惧或冲动，带着勇气和智慧，根本性地解决问题。

前面关于"防患于未然的日常约定"部分，我们分享过一个案例：孩子被同桌用比较严重的方式欺负了几个月时间，妈妈内心特别难过。但她并没有只是停留在难过，而是去有效地做了些什么。

首先，她向女儿表达了后悔和抱歉，她说："真的非常对不起，妈妈之前疏忽了你的感受，我把这件事情想得简单了。我在想，这几个月以来，你一定非常非常难过，我一想到这里，心就很疼。但现在，爸爸妈妈想要告诉你，我们不会允许这件事情就这样过去，我们不会允许任何人来伤害我们的女儿，我们会做一些事情，来保护你。"

女儿当时就哭了,哭得很伤心,但在哭声里,她把妈妈抱得更紧了。

在了解到对方的家庭背景之后,妈妈知道对方孩子也只是一个受害者,事情真正的根源不在对方孩子身上,真正需要承担责任的是那个孩子的爸爸。她和先生一起想办法,也和孩子一起商量,什么样的方式是孩子愿意接受的?

孩子说,她是否和我道歉我觉得不那么重要,我不要再和她同桌了,这件事情更加重要。爸爸妈妈就非常诚恳地去和班主任老师沟通,他们期待老师能够给女儿换同桌。班主任老师在了解了整件事情之后,也觉得自己有工作的疏忽,本来也有一些歉意,爸爸妈妈这样一提,就同意了。

换了同桌,本来以为事情就这样结束了,但是对方家长不知道从哪个渠道听说了这件事情,说他们家的孩子被排挤了,并且在班级群里公开艾特自己和先生,说他们损害了孩子的名誉权,要他们赔礼道歉。

女儿有些害怕,爸爸妈妈再一次站出来,陪着她说:"有爸爸妈妈在,我们会保护你。这是我们需要面对的,我们有能力来保护自己，保护你。相信我们。"

于是，在商量好对策之后，他们和那位爸爸约定了见一面，在班主任的办公室里，他们向那位爸爸表达了这样几点：

1. 你的孩子在学校里面打别人，欺负别人，如果您自己觉得孩子被冤枉了，可以调学校的监控视频，您可以直观地感受一下，然后再下结论也不迟；

2. 就算你的孩子会有打人的行为，我们也不认为她是一个做错了事的孩子，我们更多地认为她也只是一个被打、被暴力对待的孩子，她只是把身边重要的人对待她的方式学习模仿了下来而已；

3. 如果您真的爱自己的孩子，可以想一想，到底什么样的爱是真正有品质的。是现在来找我们理论是非对错、出一口气，还是在孩子需要的时候给孩子一个怀抱，给孩子多一份温暖？

4. 你在群里公开艾特我们，我能理解你是出于对孩子的爱；我们今天选择单独见面，而不是用公开的方式让这件事情越变越大，同样是出于对两个孩子的爱和保护。

本来是一次剑拔弩张的会面，就这样化解了。

如果那位妈妈和先生没有选择去面对，去跟对方坦诚地说出那些勇敢、无畏且客观的话，我想，很难会有这样的结果。他们的孩子，内心更是会有很多体会，比如遇到事情爸爸妈妈会在自己的身边；遇事要有勇气；解决问题的时候，除了保护自己，也要站在对方的角度考虑。原本是一段黑暗时刻的经历，有了父母的支持，却变成了宝贵的人生财富。

第九章

做好家校沟通,助力孩子的校园关系

有不少家长对于和老师打交道很胆怯，于是就回避和老师的及时沟通。

事实上，我们如果能够跟老师进行及时有效的沟通，对老师给予真正有品质的理解和支持，而不是讨好，客观清晰地把自己孩子的情绪共享给老师，而不是带着让老师特殊化对待的目的，对孩子良好的校园关系有非常大的助力。

孩子进入小学，如何高品质地和老师进行家校沟通，不会给老师带来额外的工作量与麻烦，同时又能及时、有效地了解和支持到孩子呢？

一、了解并尊重老师的沟通习惯

和孩子的老师接触时，先不急于评判这位老师的好与不好，只是去感受，这位老师的教学风格是怎样的，表达风格是怎样的。

有的老师，喜欢简单干脆地表达一件事情，有事说事；有的老师，喜欢先和聊天的人建立好关系，再慢慢地聊事情。

有一位小学老师和我说，我最害怕的，就是家长在微信里问我一句：老师，在吗？然后就没下文了。如果家长把想要表达或询问的内容一条微信全发过来了，那下课看到的时候，我就可以直接回复了。

还有一位小学老师分享说，我会在班级最开始的家长见面会上，和大家清晰明白地表达，下了班，我也是两个孩子的妈妈，我愿意和大家交流孩子在学校的情况，但我不想占用我全部的生活时间。大家觉得邮件可以表达清楚的，可以给我发邮件，因为发邮件的同时，自己的思路也会变得更加清晰，晚上睡觉之前我可以统一回复；如果大家有急事，可以在晚上八点到八点半之间打我的电话，其他的时间，我想留给我的家人和孩子。

有的老师会非常清晰地表达，怎样和自己沟通最合适、最方便、最高效，但不是每一位老师都会这样表达，我们可以尝试去观察，甚至可以直接去问老师："老师好，关于孩子在学校的情况，有时候我想和您有简短的沟通，我不知道哪个时间段您比较方便？电话还是微信？"通过询问，对方会告诉你合适的方式是怎样的。

二、关于"给老师提要求"

有时候,有的家长忍不住想要给老师提一些或大或小的建议,出发点看上去是好的,是为了班级,为了孩子们,但很可能只是家长在呈现自己的能力和优越感,这种沟通方式可能严重地冒犯到老师了,而提建议的人还不自知。

因为在提建议的过程中,家长说出来的语言虽然客客气气的,但话里话外所隐含的意思,是表达老师做得不够好,想要"教"老师怎么做,而不是表达出对老师的理解与尊重。

有一位妈妈是一名国学爱好者,看到孩子班上每天晨读,认为自己在这个方面很专业,于是有一天,这位妈妈给老师发了一条微信:老师,我建议我们班的晨课,可以选用某某教材,这套教材非常好,向老师推荐。

老师回复了一句:我知道了,谢谢推荐。

但是晨读的内容没有发生变化,也就是说这位妈妈的建议并没有被采纳。

这位妈妈很不解,不知道原因出在哪里,觉得自己一腔热情对方并不领情。我和她做了一个角色体验。

我知道这位妈妈最近准备换车,我说,我向你推荐一款车,非常适合你。

这位妈妈一看，说，我不喜欢。

我说，我好心好意地向你推荐，你怎么不领情呢？

她说：你都不知道我的喜好，我喜欢轿车，你给我推荐的是越野车；我喜欢浅色系，你给我推荐的是宝蓝色，我啥啥都不喜欢。

我问：为什么你啥啥都不喜欢？

她很生气地说：你都没有问我喜欢什么，需要什么，凭什么就觉得你的推荐是适合我的？

说完这一句，她恍然大悟：我其实就在做相同的事情。班级现在的晨读计划是什么，我不了解；现在为什么选择这本书，我也不知道老师的考虑；老师真正需要家长们怎样的支持和帮助，我更加不知道。我向老师推荐这套书，根本就没有在意老师和班级需要什么，我只不过是想要展现自己的专业而已。

同一件事情，我们带着什么样的初心去表达，结果是很不一样的。我们的出发点，是觉得老师做得不够好，还是真心想要支持老师，老师都是可以体会得到的。如果真的想要为班级做些贡献，先需要了解到班级需要什么，而不是贸然去跟老师提建议。

三、支持，而非刻意讨好

孩子进入小学之后，有不少家长愿意担任志愿者，进入家委会，为班级出力，为班主任分担一些力所能及的班级事务，这是一件好事。不过，我们在做这些事的时候，心境是有区别的。

是在讨好老师，想让老师更多地关注到自己的孩子，还是只是把自己放在一位班级贡献者的位置上？

如果我们内心是讨好、取悦时，因为内心并没有尊重自己，就算是做了帮助他人的事情，也很难得到别人对自己的尊重。

一位家长帮忙打扫班级的卫生，用孩子们的作品布置后面的黑板报时，她趁大家不注意，把自己孩子的画作调整到了一个更加显眼的位置，这样的小心思被其他家长看到之后，他们就会容易在内心有不尊重这位家长的想法。

一个人在付出的时候，内心是装着眼前的小我，还是装着大一点的班级大我；是考虑着如何让老师能够关注到自己，还是考虑到如何真正地支持到老师的工作，这是一个人内在的格局。如果只是让老师对自己的孩子有特殊的照顾，心里装不下更多的孩子，这样的贡献也是非常狭隘的。

当老师感受到我们是真正在理解和支持她的工作时，她会愿意和我们形成默契的合作；但如果老师感受到我们有强烈的企图心，内心也会有压力。

我们来看另一位家长的做法：

这位家长在电视台工作，其实是比较适合承担家委会工作的，但她又知道自己没有太多的精力投入到家委会的工作当中来。

刚加入到班级里，她就开诚布公地给老师发了一段自我介绍的微信：

老师好，我是蒙蒙妈妈。很高兴我的孩子在您的班级里。

在接下来的六年里，班级里需要家长支持的事情，我都会愿意，但同时，我会把我个人的情况向您做一个介绍，以便您根据各位家长的情况，灵活地调动大家的资源。

我在电视台工作，平时比较忙，但如果学校和班级有大型活动需要组织策划，我会愿意贡献自己的力量；平时班级涉及宣传相关的事情，我也可以出主意出力。

所以，我申请加入家委会，以普通家委会成员的身份，我知道我的精力胜任不了会长，我相对擅长的是日常组织、协调、策划工作，我不太擅长的是相关统计、归档工作。

期待有机会为班级出力。

在这样一份自我介绍当中，有以下几个要点值得大家学习：

- 坦诚地表达自己愿意为班级贡献力量的意愿，不扭捏，不做作；
- 客观具体地表达自己的职业背景以及时间灵活度；
- 对于自己以何种身份来支持班级，也表达得非常清晰；
- 自身能力的擅长与不足之处，都表达得很清晰，方便老师因人调用。

如果大部分家长都可以将自己的意愿、能力具体地向老师表达，老师面前就是一大片家长的能力拼板，当出现某个具体事件时，老师很快就能够知道，哪些家长能够及时有效地协助班级。这样一来，最终提升的是整个班级，受益的也是整个班级的孩子。

四、高品质沟通的核心：能聊细节

普迪的小学生家长班曾经邀请过不少的小学一线老师来到课堂，这些老师给到我们一些不同的视角。

当我们问到,在和家长沟通时,你们觉得有哪些挑战?

有一位老师说:"我最怕家长问我,我的孩子今天在学校怎么样啊?不问具体事情,也不问想了解的是什么,就是一句笼统的'我的孩子今天怎么样?'收到这样的提问,我真的是很头疼,不知道如何回答。如果想要回答清楚,就要花很长的时间先问清楚家长想了解什么;如果不回答,又显得不礼貌。我最期待的是家长自己能想清楚想要了解什么,具体地告诉我,我也能快速地回复,给到家长想要了解的信息。"

这位老师的发言,引起在座很多老师的共鸣。

老师们说:"我们在学校的工作时间是非常紧张的,上课时间精力全部在课堂上,手机是不碰的,下课后,还有工作上的事情需要处理,也有孩子们会来找我们协助解决一些事情。仅有的一些休息时间还要来回答这种没有方向的提问,我简直是太难了。"

如果我们可以把自己想要了解的信息说得具体一点,老师观察和回复起来就相对容易多了,沟通效率也会相应提高。

如果想要了解孩子的课堂参与程度,可以这样问:

老师，我们家孩子上个学期上数学课有点害怕举手，不知道这个学期开学以来，他在数学课上举手发言的情况是怎样的？和之前有没有不同？

如果想要了解孩子的午休纪律遵守情况，可以这样问：

老师，我家孩子昨天回家说，中午午休的时候，寝室里面很吵，宿管老师不在，所以她没有睡着。我不知道孩子说的是不是事实，想请老师中午帮我过去看一下，因为我家孩子中午没有午睡的话，下午可能学习精神不太好。辛苦老师了。

如果想要和老师交流孩子在某一个学科的具体学习情况，可以这样表达：

老师，我家孩子昨天的口算题卡有了一些进步，20道题做完只用了2分钟不到，相比上周要用3分钟以上，进步还是很明显的，我想把孩子的这些细节及时和您有个沟通。不需要急着回复，您看到了就好。

类似上面这样的信息，有主题、有诉求，老师就清晰地知道，我们想要了解的信息是什么，老师可以及时地做出回应，我们也能及时地了解信息，顺畅的家校沟通就这样建立起来了。

第十章
创造良好的家庭情绪氛围

孩子的成长需要我们很多的支持，在所有的支持当中，最为核心的是什么呢？是情绪支持。

如果用一棵小树的成长来比喻一个孩子的生命成长，情绪支持，就是直接输送到树根的营养。树根有了合适的营养，成长就是顺其自然的事情。

怎样给孩子最可靠的情绪支持呢？其实很简单，做好以下两件事情。

第一节

给孩子特殊时光

好的家庭氛围、孩子良好情绪状态的形成很重要,但这不是一朝一夕或一次沟通就可以实现的,需要的是我们在日常生活中经年累月的高品质陪伴。

我要给大家分享正面管教中非常有用的一个方法:特殊时光法。

特殊时光是你和孩子一起,通过提前约定,双方一起确定下来的,有内在规律性的某一个特定时间段。时间不长,因家庭实际情况而异,可能是十分钟,也可能是半个小时。在这段时间,你避免一切干扰,专门陪伴孩子,只做能滋养彼此、增进彼此关系的事情。

如何建立与孩子的"特殊时光"？关键点如下。

一、事先要有明确约定

什么会带给人内心安全感？那就是确定。

确定的安排，确定的结果，确定的承诺和约定，这些对于一个孩子来说，是让他们内心感受到安全的重要细节。

当我们和孩子尝试着约定：我们每天选一个时间段，大概二十分钟，妈妈陪着你一起玩。你看我们要不要来商量一下，这个时间怎么安排呢？

有约定的陪伴，和我们心血来潮陪一下，是截然不同的。

心血来潮陪一下，孩子不知道下一次你陪他是什么时候，下一次他想要找你玩的时候，你是同意还是把他推给家里其他人；

有约定的陪伴，孩子内心很清楚，这个时间是属于他和你的，到了那个时间，我们只需要一起来履行约定，而不再需要忐忑地问爸爸妈妈："你们可以陪我玩吗？"

二、邀请孩子给这段时光命名

生活需要仪式感,如果给约定好的陪伴时间取一个名字,那这段时光好像被赋予了更多的意义,也因此而变得更加重要了。

有一位妈妈,孩子上三年级,她跟孩子的特殊时光,是他们约定每天早晨都是妈妈送孩子去上学。学校就在小区里面,走过去只需要5分钟。但是他们约定提前15分钟出发,这样,他们的上学时间,就变成了"花园时间",他们可以不急不慢地去认识各种花花草草,编各种无厘头的故事。

因为有了用心的陪伴,因为有了不一样的名字,在这个孩子这里,每天程序化一样的上学时间没有了,代替它的,是每天自在地和妈妈相处的20分钟"花园时间"。

三、保证不受任何打扰地全身心投入陪伴

这是特殊时光最为重要的要求。

如果我们陪着孩子的时候,身在心不在,其实等于没陪。如果我们没有回来,孩子内心还会有一份期待;现在,

人回来了,心依然不在,孩子内心连期待都没有了,只剩下满满的失落。

元元妈妈特别苦恼,孩子12岁了,不知道从哪天开始,原本跟妈妈无话不说的他,开始不怎么跟妈妈交流了,每天放学回家,就把自己关在书房里,还在房门上贴了一张纸条:"进来前请先敲门"。

妈妈主动跟孩子找话题,但都以尴尬收场。

比如问孩子:"今天在学校开不开心?"孩子回答:"还可以。""今天有什么不开心的事情吗?"孩子答:"没有。""要不要跟妈妈聊一下天。""不用了,今天作业比较多。"

到底要怎样才能走进孩子的心呢?元元妈妈跟儿子约定了一个专门属于母子俩的特殊时光。

时间段是孩子下晚自习后的20分钟。

因为下晚自习后,孩子正好肚子饿想要吃东西。妈妈便在孩子回家前,提前炖一碗汤,准备一份点心。在孩子吃东西的那20分钟,妈妈就放下手边一切事务,坐在孩子旁边。

妈妈说，在没有约定这个特殊时光前，每次跟孩子聊天都不知道要说什么，又担心聊天耽误他学习，毕竟小升初也是很关键的阶段。

但是跟孩子约定了这个亲子时光后，妈妈的心情一天一天变得不一样了。准备汤料的时候，妈妈心里就出现了孩子喝汤的画面；孩子坐下来喝汤时，妈妈会告诉孩子自己炖汤时想了些什么，是怎么准备这份汤的，中间加了什么，在哪里买的。

当她没有刻意地去试图了解孩子，而是就把孩子当作身边的一个朋友时，孩子竟然开始自然地和妈妈聊天了，聊他的同学，聊他的老师，聊学校里的事情。

半年下来，他们快要变成无话不谈的好朋友了，谁也不敢相信，在半年前，他们几乎没有办法沟通。

四、坚持，保持陪伴的时间有固定的规律

把一件简单的事情坚持做下去，就会变得不简单。
特殊时光也是这样。
用一天中的某一小段时间，用心地陪孩子，这件事不难；
但要坚持一段时间去做这件事，需要爸爸妈妈很用心

地对待,同时需要认真地思考,时间怎么安排。这件事情持续下去的助力越多,阻力越小。

如果某一天,因为特殊的时间原因,爸爸妈妈没有办法实现,那就需要提前告知孩子,在尊重孩子的情形下,商量调整或替代的做法。

用什么方式,用什么样的时间频率,取什么样的名字,这些都是实现的形式,在形式背后的本质是:父母愿意用心地陪伴孩子。

第二节

做情绪独立的家长

一、我们情绪独立,孩子就不会负重前行

我们是否见过这样的情形:同样是养育孩子,同样的家庭结构,有的家庭会给人感觉苦哈哈的,家长的语言里也有非常多的"没办法""不得不";但也有家庭过得惬意自在,乐在其中。

也许有人会说,物质基础决定了所有,有钱就快乐了,有钱就不觉得孩子的花销是负担了。

我个人不太认同。

一个人对于整个家庭的付出，如果过于有牺牲感，就会觉得自己是受害者，从而失去感受生活中爱的能力。

但如果作为家长，我们对自己诚实一点，就要看到一个事实：当下在自己生活中发生的所有，都是自己选择的结果。

这是我自己选择的结果，并且，我也永远是有选择的。

我对所有发生在我身上的事情负责，包括我的情绪、我的感受、我接下来想要做什么，我为我自己负责，这就是一个成年人的情绪独立。

在《放学后》节目工作期间，我们采访了一个家庭。

当我们问10岁的欣欣："在父母和你相处时，你印象最深刻的一句话是什么？"欣欣不假思索地说："'你就考这么点分，你对得起我吗？我不舍得吃，不舍得穿，赚的钱都花在你身上，我和你爸爸一天到晚这么辛苦，我们是为了谁呀？都是为了你呀，你考这么点分，对得起我们吗？'"

欣欣一边说，一边用一种类似于调侃的语气，来掩饰内心的难过。说完，她喃喃自语："谁要她把钱花在我身上呀？我还不乐意呢。"

有一部分家长认为，突出自己的牺牲和付出，会激起孩子的斗志和进取心。而从实际辅导的案例中来看，是否激起孩子的进取心要因人而异，但会让孩子感受到沉重和内疚，这是大部分孩子比较趋同的感受。

孩子会觉得，父母这份付出太重了，他们承受不起；有的孩子，可能在这个期待的声音里开始努力，去替父母背负那份不属于自己该背负的压力；也有的孩子，在这个承受不起的声音里干脆选择放弃，用这样的行动告诉父母：不要对我抱有期望。

如果期待孩子轻装上阵，期待孩子活出自己的精彩人生，而不是陷在父母的人生脚本里打圈圈，我们就需要认真地觉察和练习：为自己负责，为自己的期待负责，为自己的感受负责，为自己的情绪负责。如果不希望孩子过于负重前行，我们就需要练习自己的情绪独立。

我们可以尝试练习这样看待自己的疲惫与付出：

是的，我今天是有些累，我只需要休息一下，我不需要任何人来为我的疲惫内疚。

在一个家庭里，每个人都有自己不同的分工，为自己的孩子提供良好的受教育的机会，这是为人父母的本职所在。

我看到我的付出是带着愿意的、带着祝福的，而不是带着不满的、带着指责的。

我期待孩子看到我的努力之后，会看到一种榜样，而不是认为是自己拖累了父母、是自己让父母这么累的。这是家庭当中各自的分工不同，这不是孩子要承担的。

我们每个人都把自己过好，承担好自己的本分，这个家就自然会过得好，孩子也自然会有行动的积极性。

二、我们活出自己，孩子才会有属于自己的人生

每一个人都有自己的人生期待，包括孩子。来到这个世界上，我们想要活成一个什么样的人，想要在这个世界上取得什么样的成果，这就是期待。

如果我们能够意识到自己的人生期待，并且为自己的期待负责，那就不会无意识地把自己的期待加在孩子身上，将孩子往自己想要去的那个路上推。

如果我们非常坚定、明确地表述孩子未来一定要做某件事情，或者一定不要做某件事情时，多半是我们自己的人生期待在影响着这个决定。

我们工作坊有一位全职妈妈，她面临一个特别大的挑

战，用她的话来说，是毁灭性打击。因为她刚刚念4年级的孩子，由于极度厌学，办了休学。

她说，先生对她的要求很简单，就是在家把孩子带好。但这么简单的一个要求，她却做不好。

其实对孩子，她比别的妈妈花的心思一点也不少。从6个月开始，就给孩子报早教班，再大一点，别人家孩子报的培训班，她家孩子都报了，钢琴、舞蹈、画画、乐高，加起来有十多个。几年时间，每一门特长课，她都风雨无阻陪着孩子坚持，哪怕孩子不愿意，她也从没妥协过。

如果放松，她就会感觉焦虑，担心孩子会废掉。

孩子上小学后，她的焦虑更是成倍增长，尤其担心孩子在学校里面被欺负，担心孩子成绩不好，担心自己的付出不被先生所认可。每天都有说不完的焦虑和紧张。

她经常对孩子说，你要好好学习，你学习好了，妈妈就觉得自己的付出是值得的。

没想到，孩子上到三年级，开始反叛和厌学。到四年级的时候，严重到完全不能去学校了，不得不休学。

在孩子休学的那几个月，她被一种很深很深的挫败感、无力感所包围，每天以泪洗面，觉得自己没能力，既不能赚钱养家，也不能照顾好孩子，人生没有任何意义。

困境总是能够带给人觉醒的力量，这位妈妈也不例外。在这种极度的痛苦之下，她开始反思，开始重新认识自己，重新界定自己的价值。

在这种状态下，她开始寻求外部的帮助。通过系统的学习，她的观念和行动都发生了改变。

观念上，她开始想明白：把孩子带好，除了学习成绩好，还有很多的考量标准，比如健康、乐观、自信、独立等。之前她一直在钻牛角尖，用特长学得好、学习成绩好作为衡量孩子是不是被带好了的唯一标准。

行动上，她开始把关注点放在自我成长上，而不是像个监工一样盯着孩子。除了走出门上家长课，参加读书会，她还经常组织小区里的妈妈一起做一些亲子活动。

令人惊奇的是，当她放下对孩子的要求，转而要求自己时，孩子出现了让人意想不到的变化。他在家里开始了自学，五年级开学的时候，主动和父母说要回到学校，并且因为自学，也没有落下太多的功课。

这个妈妈说，有时候，我们自己活不出自己的人生期待，就强加给孩子,还怪孩子不好,现在看来,孩子当时真是太辛苦了。

更重要的是,这位妈妈懂得了,孩子的状态和妈妈的价值,并不是用等号来捆绑的。

自我期待,这个东西看不见、摸不着,它藏在言行举止当中。

在生活当中,我们越能够活出自己,越对自己有着发自内心的接纳和满意,在和孩子相处的过程中,我们就越容易划出清晰的人生界限,越能够做到允许和祝福孩子去发现自己的天赋与兴趣,让孩子活出属于他自己的精彩人生。

我想真诚地对每一个父母说:即便我们自己曾经活在父母对我们的期待中,尽管我们很多时候都在做着"应该"做的事情,但现在,只要我们愿意,我们就可以给孩子提供一个做"我想"做的事的空间。

三、改变自己:储钱罐法

正面管教的创始人简·尼尔森带领家长做过一个非常有

意思的小练习:

要求家长们上完课回到家,准备一个储钱罐。不要马上着急去运用家长课堂上学到的新方法,而是先去觉察自己有没有忍不住去批评、指责孩子,有没有又回到以前那种无效的老路上去。

如果觉察到一次,就往储钱罐里放一枚硬币,一天或者一周以后,看看储蓄罐里有多少钱。

这个小练习,很多家长反馈对于改变自己的行为非常有效,因为,只有先看到自己曾经有哪些无效的行为,后面才能做出真正有效的改变。

我们需要对自己的言行有所觉察。自己的一言、一行、一起心、一动念,如果有了觉察,就会对自己和身边的人有恰当客观的了解,就能有效地解决问题。

四、改变自己:特殊时光法

特殊时光的运用,不仅适合于和孩子的共处,也适合于和家人的共处,和自己的高品质共处。

作为家长,每天需要我们投入的事情很多,而时间和精力是有限的，在照顾孩子、家人和照顾自己之间，如果要有一个先后顺序的安排，个人建议把照顾自己放在第一位，因为只有自己状态好了，才能有一个好的状态与家人相处。

我们常常在满足孩子的需求时，习惯性地全力以赴，久而久之，把对自己的照顾疏忽了，留给自己的时间少之又少。这样会出现一个什么问题呢？精力如果总是被消耗，而没有一个及时补给，总有耗竭的那一天。精力的耗竭，一般会以身体健康出问题或是情绪的大爆发来呈现。

我期待我们能够为自己多考虑一点点，假如现在就只有10分钟用来休息，而你身心疲惫，那么，即使孩子需要照顾，也建议你先把这份时间留给自己。我们每个人的内心对爱的需求度，就像有一个看得见的量杯一样，我们叫它"爱之杯"。爱满自溢，人只有在自己的爱之杯满满的时候，才有能力去自然地爱别人。

当我们觉得自己很累、很疲惫、很不快乐、很不轻松的时候，其实就是自己的爱之杯快要干涸的时候。这时，不要强迫自己给孩子爱。此时我们要做的，是承认我现在做不到去爱孩子，唯一能做的，是找一种合适的方式给自己的爱之杯续水。

如何运用特殊时光,给自己的爱之杯有效续水呢?

梳理练习如下:

- 找一个时间,让自己安静下来;
- 在安静的状态下,回顾一下,做哪些事情会让自己的状态好起来,会帮助自己的能量有所提升;
- 选择出其中的一到两件,再结合自己实际的时间,变成从今天就开始的一个练习;
- 把这个想法分享给能够支持你的人,最好能够邀请到有人共同练习或者彼此督促;
- 用一段时间的练习,把这种做法变成自己的生活习惯。

分享一位妈妈的做法。

15分钟的下班音乐会

浩浩念小学三年级,平常是外公外婆照顾,每天快下班的时候,浩浩妈妈都会接到父母的投诉电话,抱怨管不住孩子,于是浩浩妈妈总是一下班就心急火燎想要回家。

下班到回家的路,开车只要15分钟,但她每次都觉得那一段路好难熬呀。孩子的作业,长辈的抱怨,没完没了的堵车,路上的红灯,再加上自己上一天班的疲惫……都让她感觉烦恼又无助,带着这样的情绪回家,她总是忍不住跟孩子起急。

后来,她学习到,当一位妈妈自己状态不好,觉得有很多事情需要做、很多人需要被照顾的时候,最先要做的事情,就是先把自己照顾好,先让自己放松下来。

浩浩妈妈喜欢听音乐。她想到,下班路上如果把音乐换成自己喜欢的,把这段路当成是自己放松和调整心情的一段路,会不会不同呢?

她挑了十首左右自己特别喜欢的音乐,坐上车听上歌时,她发现自己的念头不再是我要赶快回家,赶快去辅导孩子的作业,而是会自然地深呼吸,甚至小小地闭会儿眼睛,然后跟着音乐的节奏开车回家。

再遇到红灯,她不着急了,反而觉得,可以多听一下音乐;

再遇到堵车了,她也不生气,心想,生气也不能从这条路上飞过去,还不如好好地听听音乐……

在这种状态下,一二十分钟,她到了楼下,如果她自己觉得已经放松很多了，就直接下车，上楼；如果她觉得好像还有些累，就会允许自己在车上，再休息五到十分钟，直到自己感觉好一些。

回到家，再听到和平时一样的话时，她发现自己不再是隐忍、克制住脾气的状态，而是好像很自然地就能理解他们，很自然地就能去辅导孩子，没有抱怨、没有对抗、没有内疚。看上去无比复杂的局面，因为妈妈的状态放松了，好像也一下子变得简单了。

很多很多家长习惯于牺牲和付出，但如果需要他们照顾自己，拿一些时间来和自己相处，偶尔"自私"一点，他们却会摇摇头说，好难，我做不到。

可是，没有得到放松与照顾的家长，就像是一个没有子弹的士兵，却要硬扛着上前线，这样做的结果只有一个：让自己越来越沉重，同时所做的事情也没有好的结果。

这样会给孩子带来什么影响呢？

当他取得好的成绩，父母如果不快乐，孩子也会不允许自己内心有对自己的嘉奖或者庆祝；

当他想要分享自己在学校跟同伴、老师相处的点滴时，如果父母不快乐，孩子会不敢开口；

甚至父母仅仅是不快乐,孩子就会做任何事都没办法快乐。

……

所以,我们营造一个好的家庭氛围,对孩子来说至关重要。